＼人生まで変わる！／

アーティフィシャルフラワーの先生のための

幸せ共感集客術

フラワーアーティスト
アトリエレモンリーフ主宰
影山さちこ

合同フォレスト

この本を読まれるあなたへ

先生たちの悩みごと

初めまして。アーティフィシャルフラワーの教室〝アトリエレモンリーフ〟を主宰している影山さちこと申します。

この本を手に取ってくださったあなたに、一番にお伝えしたいことを最初に書きます。

「この世の中に、あなたの幸せ以上に大切なことはありません」

あなたは自分の幸せのために、創造する仕事、あるいは教室の先生の仕事を選んだのだと思います。

しかし、多くの人はこの仕事を選んだゆえに、集客に悩み、自分に力がないのではと落ち込んでしまったり、自信をなくしてしまいます。これでは自分を幸せにしたくて選んだ仕事で、悩みが始まってしまったことになります。

本来、創造そのものはとても楽しいものです。自分を表現し、作品に共感してもらう時、相手が喜ぶ様子にはこちらが元気をもらえたり、励まされたりします。なにひとつマイナス要素はないはずなのに、私のセミナーで寄せられる主な相談は、集客についてが大半です。

どうしてこんなことが起きるのでしょう? それは「先生は生徒さんを集めないと仕事にならない。仕事にならなければ、自分は幸せではない」と思い込んでいるからです。

せっかく夢中になれる世界を見つけたのに、生徒さんを集めなければという条件を自分につきつけているのは、自分なのです。

人生は泣いても笑っても
〝一生懸命になれること〟
これがあればくじけません
あらぬ方向にもいきません
自分を好きでいられて、
健康でもいられます
幸せを感じられる原点です

この原点を忘れないでください。〝一生懸命になれること〟があるのがどれほど素敵で、幸せなことか。あなたはすでに幸せな人なのです。

この一生懸命になれる世界は、どれだけお金を積んでも、簡単に買えるものではありません。どれだけ人が押し寄せても、あなた自身の「夢中」がなければその世界は成立しないのです。

一生懸命になれることは、生涯あなたを支える財産なのです。この無類の幸せを得ているのですから、悩むことは何もないのです。

幸せが遠のく2つの間違い

私はこの10年ほど教室運営のセミナーを開催することも多く、たくさんのお花の先生方に出会ってきました。そこで寄せられる先生方の悩みの多くは集客です。共通しているのは、集客について2つの間違いをしているところです。この2つに気づけないと、自分を幸せにしたくてもうまくいきません。

1つは男性版の幸せを追いかけている点。もう1つは、他人は自分の力で動かせないにもかかわらず、人を集めようとしている点です。

女性は幸せ力で前進する

まず1つ目からお話しします。世の中には目的脳の男性と、共感脳の女性が存在するといわれており、集客の考え方や集客ノウハウのほとんどは、男性社会の考え方がベースになっています。

現在、成功概念の図式は「仕事→実績→幸せ」。これは長い男性社会の歴史を経て刷り込まれてきた概念なのです。獲物を持ち帰って評価される、世のためになる、大切な人たちに感謝される……。世の中の多くのノウハウは、この形で書かれています。したがって「生徒さんに好かれるには、リピートを増やすには、ヒット数を上げるブログになるには……」といった集客のノウハウもすべて、結果を出すことばかりです。集客、順位、実績、評価……。男性は追いかけるＤＮＡがインプットされているので、結果を得るのが大きな幸せにつながります。「女性が言うところの〝幸せ〟のような、見えない物では食べていけない」と思うでしょう。

でも、その理論は女性には当てはまりません。女性の場合、実績や結果が出ても、それはそれ。幸せには結びつきません。

たとえば風邪をひいて「調子が悪い……」とご主人に言ったとき、「病院に行ったら?」と言われるより、先に「大丈夫?」と言ってほしいでしょう。実際、病院に行って治ったとしても、幸せは気にしてくれた言葉そのものにあるのです。

ここが女性の幸せにとって、すごく、すごく重要なファクターなのです。ところが世の中の集客ノウハウはデータ主義で女性の感性はスルー。これでは女性は幸せが感じられず、挫折しやすいのです。女性が事業で成功させるにはフォロワーを伸ばすことでも結果を出すでもない。「いまどんな気持ちでいるか」を充実させる考え方やノウハウが必要だったのです。ましてやお客さまや生徒さんが女性であるなら、先生の感性がなおさら影響するわけです。

女性の幸せの図式は

「幸せだから→仕事を頑張れる→結果を出せる」。

つまり、感性優位な女性にとって、仕事のモチベーションと幸せは切っても切れないもの。むしろ、仕事の推進力のすべてが幸せにあるといっても過言ではありません。

女性は男性のように結果を出せるから幸せになるのではなく、幸せだから力が湧き、頑張れます。幸せだから自分軸で堂々と結果を出せるのですね。

やってみて感覚的に幸せを感じられないものは「そちらではないよ」というサインを自分が自分に出しているのです。自分自身の感性が一番のあなたの理解者なのです。

このことから考えてみても、教室で成果や結果を出したいなら、まずは、本当に自分を幸せにする生き方をすること。それがとても大切なのはご理解いただけると思います。力を出せるコンディションが必要なのです。

私たちの幸せのためには、このコンディションづくりに基づいた成功ノウハウを身につけ、実行する必要があります。

間違っている集客の考え方

そしてもう1つは、集客そのものの誤解です。

そもそも人を動かすというのは実は大変難しいことなのです。並大抵のことではありません。仮に集めたとしても、また次も、その次も集めなければなりません。これでは疲労困憊《こんぱい》し、気持ちが休まる暇がありません。こんな負の連鎖はさっさと手放すことです。

相手が決めることにあなたは何も関与することはできません。つまり、集めるためにどれだけ場数を踏んでも、動いても、成果の出ることは最初から何もなかったのです。これは、あなたに力がないわけでも、あなたに落ち度があったわけでもありません。もともと他人をコントロールすることなどできないのです。

いかがでしょう。これを知っただけでも心が軽くなりませんか。

ここから先は、人を集めなければという概念とはサヨナラしましょう。自分への条件は丸めてゴミ箱行きです。

集客は、漢字だけを見ると誤解しやすいのですが、「集客」の主語になっているのはあなたではなく、相手なのです。

「あなたが」人を集めるのではなく、「人が」あなたのところに集まるようになること。

これを集客といいます。さらにいえば、集まるように「する」のではなく、集まるように「なる」。これが最も「正しい集客」です。余計なところに力が入らない、先生がありのままでいられることが大切です。

例えば、あなたがあるアーティストのファンで、「先週、電話がかかってきて〝頼むから自分のコンサートに来て〟ってお願いされたから行く」と言う人がいるでしょうか？　何も言われなくても自分で決めて行きますよね。彼らは、自分のパフォーマンスにひたすら一生懸命なだけです。

あなたの教室も同じです。この状態を作れるのです。

パラドックスなのですが、集めないほうが生徒さんは集まってくるのは事実です（その理由は第1章でお伝えします）。**自分を幸せにするために決めたこの仕事を、自分の心が充実することだけを選んで続けること。これが、大人気教室になる秘訣《ひけつ》なのです。**

私のセミナーではこの2つの気づきをベースに、お花の先生としての自分を幸せにする方法をお話ししています。「心がすっきりしました！」「なぜ集客がモヤモヤするか分かりました！」と言葉をくださる参加者の皆さんは、スクッと立ち上がって、晴々とした表情で帰られます。私は、そんな皆さんの背中を嬉しい思いで見送っています。

大好きなお花に出会えたのに「結果を出さなくては」と悩み事にしてしまっていたら、本当にもったいないです。

本書をお読みの皆さんにも、幸せなお花の先生になっていただきたいのです。

幸せな人には、幸せな人が集います。

あなたの幸せ以上に大切なことなど、世の中にありません。

そのためにはどうすればいいのか、一緒に考えてみましょう。

本書について

本書では、あなたの本当に望みを叶えるために「ベースとなる『自分を幸せにする』とは、どうすればいいのか？」「そもそも幸せって何なのか？」を教室の仕事、先生の心、生徒さんとの関係づくりも加味しながら、具体例を挙げて、丁寧に説明しています。

自分にとっての幸せが分かっていると、自分軸ができ、人としてブレない魅力が備わります。そんな先生が伸び伸びと表現する作品は、なんとも言えない心地良さが宿ります。作品そのものの魅力が伝わるので、生徒さんは黙っていても集まります。幸せは伝染しますから、集まった生徒さんも幸せになります。これが一番素敵な循環ですね。

そのためには、教えるという意味や、先生としての正しい立ち方を理解しましょう。生徒さんとの関係の作り方が分かると、先生は一切、集客をしなくてもいいことに気づきます。それよりも先生だからこそすべきこと、とても必要なことがあるのです（詳しくは第1章でお話しします）。

また自分の置かれている花業界、教室、家庭の環境を客観的に理解しておくことも大切です。大きな地図でどっちに行けばいいのか迷ったとき、心地良い方向を示してあげることができます（第2章・第3章でお話しします）。

指導についても、単なる習い事レッスンではあなた自身と生徒さんを幸せにできません。アートを楽しむレッスンへシフトチェンジが必要です。そのための方法と具体例もたくさん紹介しています（第4章・第5章・第6章でお話しします）。

人生の意味は、どんな仕事をしていても、「あなたは幸せですか？」という問いの答えに集約されるように思います。そしてみんなが欲しいと思うのは、幸せなあなたが創る花なのです。

幸せの鍵は、あなたが心の底で求めていることを実現すること、感じたいものを感じられる暮らしをすること、ありたい気持ちで日々過ごせることにあります。そのためには、自分を肯定する〝幸せ力〟が必要なのです（その方法については、第7章で詳しくお話しします）。

「あなたの教室は、あなた自身の分身であり、生き方そのもの。教室が一時の社会の評価を得ても、その次の年は分からない。そんな、泡沫《ほうまつ》のものにあなたの人生が左右されるのではなく、生涯のあなたの満足と幸せを育てたい」

この信念のもと、本書は「アーティフィシャルフラワーを教える方々の幸せ」が大きなテーマになっています。主婦だった私がアーティフィシャルフラワーに出会い、どんな経緯で教室を開いて教えるまでになったかを辿《たど》りながら「花が伝える幸せとは」「人に幸せを伝えることができるデザインってなんだろう」を考え続けた、20年の思いをまとめました。

この気づきが、必要な人に届きますように。

この本を読み終えた後、「幸せ力、パワーチャージできました！」と私とハイタッチしたくなる、そんな皆さんにお会いできたら嬉しいです。

ではさっそくまいりましょう！

Contents

第2章　あなたの幸せを育てる場所を見てみよう ～業界と教室～

第3章　あなたの幸せを育てる場所を見てみよう ～家庭～

Contents

第5章　あなたのときめきを信じ切る素敵なデザインの作り方

Contents

第1章

あなたと生徒さんが両想いになる方法

「ポピーとトルコキキョウのクレッセントブーケ」先端で揺れるセルリアがとってもかわいい♪　持ち手をリングにするアーティフィシャルフラワーならではのデザインです。

誰も教えてくれなかった先生の心の持ち方

自宅教室運営のセミナーを開催すると、いつも予想以上にたくさんの方が集まってくださいます。「もっと生徒さんを集めたい」「教室の規模を拡大するにはどうすればいいの？」「いままでいろいろ試したけれど、実績や成果が出ない……」。皆さん、そんな願いや悩みを持っておられます。

協会やスクールでしっかり花の技術を習得してディプロマ（卒業証明書）まで取っても、なぜ集客できないのでしょうか。それは技術だけを習い、「何を大事に考え、どう行動すればいいのか」という先生自身の心の持ち方を教えてもらっていないからです。

多くの人はそれに気づかずに教室をスタートさせ、世間の集客ノウハウを自分なりに使おうとします。しかし、それをスポーツのランナーに例えるなら、マラソンルートを把握し、ペース配分や、コース戦略を綿密に立てても、肝心な体力を支えるインナーマッスルが全くないのと同じなのです。先生としての体幹をしっかりつくりましょう。

先生の体幹とは、先生としての在り方であり、自分軸です。

集める行為は欠乏感の表れ

先生の心の持ち方で最も大事なこと、それは「集客はしない」ことです。というとびっくりされるかもしれませんね。「この本を読まれるあなたへ」でも書きましたが、運営に必要なのはあなたが集めることではなく、集めなくても結果的に人が集まるようになることなのです。最終的に集まるのは人の意志です。こちらが操作できるものではありません。

私からみれば、いくら協会やスクールが認定しても、このことを教えずに「さぁ、レッスンしてください」と卒業させるのはとても酷に感じます。結果として、集客がうまくいかずみんな右往左往してしまい、自信をなくし悩んでしまうのです。

操作できないことに悩まなくていいですし、そんなことに時間を割くのはやめましょう。あなたに能力がないわけでも、悪いわけでもありません。人を集めることはもともとできません。先生自身の幸せと教室運営のためには、このことを知っておくことはとても大切です。そしてこのことを知らずに集客にいそしめばアウトなのは事実です。

集める行為は、欠乏から生まれます。欠乏している先生は、生徒さんからはとても不安そうに見えます。レッスンの帰りに、「他に生徒さんいないかしら？　お友達に声をかけてみてね」なんて先生から言われたら、不可思議な気持ちになりますよね。

集めたいという欠乏感は、一事が万事、すべてに現れます。ＳＮＳでの発信も、行動も、選択も「もっと欲しい、欲しい」というエネルギーが込められます。自分はあからさまにしていないと思っていても、周りはＰＲを感じ取ります。誰だって売り込まれるのは苦手ですよね。そして、**最もよくないのは、集まってもらえなければあなたが苦しみます。そして集めたものは必ず失う不安とセットになっています。苦しみの種を自分でつくるのは、もうやめましょう。**

重要：先生の正しい立ち位置
自分から伝えられること、与えるものにフォーカスする

では、先生は生徒さんを集めないとしたら何をすればいいか、をお伝えします。ここはとても重要です。あなたの幸せ力をつくる根幹になります。

先生とは〝伝える人であり、与える人〟です。つまり集めようとする行為とは真逆なのです。自分の持っているデザイン、技術、雰囲気、癒やし、アートの喜びなどを生徒さんに受け取ってもらうのが先生の仕事です。「集める」は自分に矢印が向いていますが、「伝える・与える」は外に矢印が向いています。

外に向いた矢印を受け取ってもらうには、まず対等に生徒さんと出会うことが前提になります。こちらから行くものでもなければ、来てもらうものでもありません。生徒さんは、その教室に自分の欲しいものや必要があるから行くのです。決して先生に集められたからではありません。だからこそ、双方が本気の〝両想い〟になって、いい時間が過ごせます。

両想いになるために必要な方法はただ1つ。それは「この教室で、この先生から何を、どれくらい受け取れるのか」を理解してもらうこと。**先生が尽力すべきは、相手に媚びることではなく、自分が何を与えられるのかをハッキリ示すことです。プロフィールや作品画像の発信もそのためにあります。**

ジャッジするのは生徒さんです。先生から受け取るものでどんな自分に変化できるのか、先生とどんな時間が過ごせるのかをイメージできることが大切で、自分に必要なものとヒットすれば来てくれるのです。

もちろん、ヒットしない方もいらっしゃるでしょう。でもそういう方に、無理に生徒さんになっていただく意味も必要もないのです。与えられるものと、欲しいものが一致する相思相愛にこそ、お互いの幸せがあるからです。

先日のセミナーも、内容を効率的にSNSで発信した結果、会場に入り切らないほどの人が来てくれました。私の提示した情報が自分に必要だと思ったから来てくださったのです。**相思相愛の出会いはお互いのパワーバランスが心地よく成り立ちます。しかし、残念ながら、人を集める行為はこのバランスにはならないのです。**

与えること、伝えることに意識を集中させると、生徒さんが何人であろうと関係なくなります。1人でも来てくだされば、その使命を自分はしっかり果たせているからです。必要な人に必要なことが届けばいいと、デーンと構えていられます。

私はいつもレッスンやセミナーをするとき、参加者が少なくても、それはそれでOKと思っています。小さい部屋を取り直して、密度の濃いレクチャーができると考えます。たとえお1人でも、そのとき必要な人に必要なことが届けば、自分の使命を果たせた幸福感と満足感があります。自分の持っているものを与える、伝えることに真にフォーカスするなら、人数に関係なく、先生の幸せはいくらでも広げていけます。

もしも、「たった一人じゃ……」と先生が数や結果に腐心すれば、欠乏モードになります。相手に対しても失礼ですし、自分が与えられる喜びすら感じられなくなってしまいます。幸せな先生になるコツは、与えられるものを持っている自分にフォーカスすることです。

与えられるものを持っている満たされている自分を評価すること。幸せな先生がみんな大好きですから。そういうあなたでいることが、生徒さんも幸せにします。

集客はしなくていいのです。その代わりに先生は、自分が与えられるものを正確&

タイムリーに、特長をわかりやすく社会に伝えることに全力を尽くしましょう。そうすると、必要な人がちゃんと気づいて来てくれます。先生の矢印はいつも与える、渡す、外向きです。

男性脳と女性脳で違う、幸せをつかむ道順

「幸せでいることが大事なのは分かるけれど、現実問題として、集客できなければ教室は回らないよ」というご意見も当然あることでしょう。

集客ノウハウは「集めたい」という欠乏感から使えば、それは疎まれ、結果によって自分が浮き沈みを味わうことになります。ですが、もしあなたが、先に挙げた与える側の先生の立ち位置を理解し、幸せに満たされた人であるなら、集客ノウハウは素敵なあなたを伝える効果的なツールとして役立ちます。

ここでは自分に合うノウハウの見つけ方と継続のコツをご紹介します。

A子さんの例を見てみましょう。

念願のディプロマを取得したA子さん、屋号も決定。ブランディングのコンサルを受けたり、SNSを試したり、カリスマ講師の集客セミナーに参加して名刺交換したり、憧れのサロネーゼを訪れたり……。未来の自分を向上させる体験は刺激的で楽しいものです。

学んだことを実行すると、たいてい最初は反響があります。でも、ひと月ふた月が過ぎると、思ったほど成果が出ていないことに気づきます。

そのうち試してみたやり方にも飽きて、継続できない自分を目の当たりにします。〝新戦術〟で飛躍できる未来を夢見ていたA子さんは「自分はセンスも忍耐もなくて、ダメだなぁ」と落ち込んでしまいました。

その理由は2つあります。

1つは「生徒さんを集めたい、生徒さんに好かれたい」という思いにとらわれ、メンタルが欠乏モードなのです。幸せな気持ちではありません。A子さんは、先生は与える人であり、集めなくていいことに気づく必要があります。

もう1つは、集客ノウハウどおりのルーティン作業が、全く面白くないからです。それはこんな理由からです。

実は世の中の集客ノウハウや仕事術の本の多くは、男性脳で書かれています。男性脳とは現実主義の考え方。実績を上げることが優先で、多少面白くないことであっても良い実績につながるなら、自分の気持ちをシャットアウトします。一般的に、男性は会社や家族、大切な人のために頑張ることに幸せを感じるといわれています。

ところが女性は気持ち（感性）が優位。アロマや音楽、可愛いもの、きれいなものが大好き。やるべき仕事はやりますが、気持ちを上げてくれるもの、心地よくなるものでなければ続きません。どんなに素晴らしいノウハウの理論も方法も、自分が「楽しい、面白い、心地いい」と思えないものは、本音の部分で価値を見いだせていないので、どこかで挫折してしまうのです。

例えば、あなたは釣り堀は好きでしょうか？　釣り堀の男性のお客さんの多くは男性です。じっと竿を垂らして待ち、魚を得る。この図式どおり、結果に幸せが待っているから楽しいのです。しかし、多くの女性は釣り糸を垂らす時間から、幸せがないと続かないのです（もちろん、あくまでも1つの例としてお話ししました）。

ですから、集客や運営のノウハウは、楽しくできそうなものを選びましょう。そういうものだけが継続します。幸せ感がアップするものなど、そのシーンが具体的にイメージできるものを選びましょう。習ったノウハウは全部使う必要はありません。だって面白くなければ続きませんから。

ノウハウは自分が楽しめるものを厳選！ 継続＝結果になる

私が伝えるためのノウハウで選ぶ基準にしているのは、それによって自分を表現できるか？ 伝えられるか？ です。自分が楽しく、幸せになることのみしています。結果的に生徒さんが集まってくれたのなら嬉しいけれど、それは目的ではありません。自分を突き動かしているのは、表現する楽しさです。楽しいと続きますし、不思議なことにそういうものの方が多くの人に支持され、人気が出たりします。

ピンクのバラをメインにした2ポイントのリース。花材のある所とない所を分けることで、メリハリが生まれます。リースベースの素地を見せるのも魅力の1つになります。ツルを絡めて、動きを出して。

作品をアップするのは楽しく、Instagram の写真投稿は長く続いています。ホームページの見出しやブログに最適なタイトルの文字数がありますが、そんなものを綿密に数えるより、写真で自分自身を表現するほうが圧倒的に楽しいです。

　出来たての作品写真を画像で確認するのはワクワクします。そのための編集のコツや、素敵に見せるテクニックを使うのも苦になりません。

　書くことが好きな人であれば、ブログなどで自分の夢を表現し、文章を練るのも、楽しい作業になるでしょう。よくブログの書き方のノウハウとして「日記のような文章は良くない、読者に役立つ内容を」と書かれているものを目にします。役立つこと

第1章
第2章
第3章
第4章
第5章
第6章
第7章

は良いのですが、それを探してまで書くとしたら、その行為を自分が楽しんでいるか？という点が大切なのです。

ノウハウ優先で自分を仕向けても、力は伝わりませんし、続きません。続けられない自分をダメだと思ってしまう人が本当に多いです。

ダメも何も、男性脳のノウハウですから、続かなくても当たり前なのです。ノウハウは、感情の入らない事務的なものより、あなたの表現をより素敵に届ける助けとして使うと継続できます。継続するものだけが、良い結果を生みます。

Instagramはおかげさまで好きが高じて、開始から1年でフォロワーが1万人を超えました（現在1万9000人を更新中）。ありがとうございます。今日の幸せキーワードを考えることが自分のためにもなり、皆さんから「励まされました」「自分にぴったりな言葉です」と喜んでいただけるのが、私にも大きな励みになるのです。

ノウハウは見聞きしたものに従うのではなく、気分が上がるものをあなたが選んで味方につけるのです。

運営集客セミナーを受けるための注意点

著名な講師のセミナーを受けるのも、大変参考になります。ですが、講師は自分と同職業ということは滅多にありません。実際、ノウハウの発信者がどんな職業の人か調べてみると分かります。ＳＥＯ対策（ネット検索で上位表示される方法）のデータ分析専門家、人気ブロガー、集客コンサルタント、会社の販売促進部門の担当者、企業の人事や営業畑で経験を積んでセミナー講師をやっている人などが多いでしょう。

彼らはいずれもエキスパートですから、膨大な資料や情報から精査された顧客ニーズは的確で、アドバイスも的を得ています。取り入れれば、実績や数字に表れるでしょう。検索で上がってくるキーワードのランキング分析方法、Instagramをビジネスアカウントに変更するメリット、ハッシュタグを振り分けるコツ……。細かいところまでいろいろ指導を受けることもあるでしょう。

でも、自宅教室のお花の先生をした経験がある人はほとんどいません。つまり、あなたがどんなことで幸せなのかを知る人ではないのです。これらのノウハウは、お客さま目線で「こうすると行きたくなる」という集客ノウハウですから、物販を含め万人に共通な内容です。ここで教室の先生に心してほしいことがあります。それは、これらの集客ノウハウをこのまま受け止めてしまうと、あなたは再び〝生徒を集めたい欠乏の先生〟に戻ってしまうということです。

セミナーでは鼓舞されますので、なんだかもう、そのとおりにすれば成功が約束されているような気になって帰されます。ですが、あなたを本当に前に進ませてくれるのは、何度も言いますが前述の「先生としての在り方」です。与える側、渡す側の人間であること、そして豊かな気持ちでいることが大事。「幸せな自分ありきで、そんな自分を表現できるのも大きな歓びとしてノウハウを使う」から発信に本物の力が宿り、人を魅了し、あなたを必要としてくれる人と出会うことができるのです。

多くのセミナー講師やノウハウ本の著者は、「自宅教室の幸せ……」には触れません。経験もしていない職業の人の幸せについて、言及しようもないからです。マラソンランナーのあなたに、コーナーの曲がり方、給水所での水の取り方、競争相手の後ろから追い抜く方法などをたくさん教えてくれるでしょう。でもそれらを使いこなすのはあなた自身の中のブレないインナーマッスルなのです。自分で育む幸せ力です。

あなたの幸せインナーマッスルは目の前の出来事で育まれる

ではあなたを支える、前進させてくれるインナーマッスルはどこで創られるのでしょう？　それは世間の集客ノウハウではありません。目の前の出来事で育まれます。

生徒さんが帰りがけに「作品が好評で、おじいちゃんまで『来月は何？』と聞いて来るのです」と言ってくれたこと。ご提案したプロポーズのギフト、「ＯＫもらえました！」と嬉しいご報告をいただいたこと。歩き回ってやっと素敵な花材と出会えた安堵感。「できた！」と満足気な生徒さんからこぼれる笑顔や会話。そこであなたが心底感じる「幸せ」こそが、あなたを支え、前進させるインナーマッスルです。

感性優位な女性にとって、ここをないがしろにしては、いくら数字があがっても、幸せを感じることはありません。こんなことまでセミナー講師は教えてくれませんが、女性が仕事で幸せを得るには、「今どんな気持ちでいるか」がとても大切なのです。

実は自分の幸せを理解している人ほど、あまり数字に興味をもちません。心が満たされているからです。

Column

自宅教室は仕事？　それとも趣味？

自宅教室は、仕事でしょうか。それとも趣味でしょうか。そもそも、何をもって「仕事」というのでしょうか。

その位置づけや価値観は、人それぞれだと思います。仕事の定義を「自立のために安定した収入があること」とするなら、残念ながら自宅教室が当てはまるケースはかなりレアです。生徒さんはやめたり入ったりで、1年先どころか半年先も読めません。自宅の教室に収まる生徒数の収入で家のローンを返済したという話や、子どもを大学まで行かせたという話は聞いたことがありません。

自宅教室ができるということは「収入は別にある」と、恵まれている状態なのです。経済的に十分な自立や社会的地位を期待する人から見ると「自宅教室なんて趣味でしょう」と思われても仕方ありません。

しかし、仕事の定義を「自分を生かして人に喜んでもらう。そのためにプロとして指導する」とするなら、自宅教室は胸を張って「仕事です！」と言えます。

それは帰り際に、生徒さんが言ってくれる「ありがとうございました」という言葉にも表れています。物の売買では、支払う側がお礼を言うケースはあまりないでしょう。「習う」ということは、得られるものが先生次第だということが無意識のうちに理解されているからです。

「○○先生だから受け取れました」という含みがあり、それは「あなたと出会えて良かった」「お世話になりました」という意味が込められています。これは病院の先生に対しても同じですね。

そう考えると、自宅教室の先生という仕事は地道で、世界を股にかけて何億円ものお金を動かすような仕事ではありませんが、専門の内容を提供し、教えたことは生徒さんの心の中で一生の宝になります。出会いにフォーカスする素敵な「仕事」だと思います。

第2章

あなたの幸せを育てる場所を見てみよう
～業界と教室～

「ユーカリ・デイジー・バラのスワッグ」ざっくり束ねた伸びやかなスワッグ、背景に白いフレーム枠を添えるだけでぐんとおしゃれに。インテリア性がアップします。

第1章で生徒さんと対等に両想いになる方法、与える先生の基本のスタンスやノウハウを継続させる方法をお伝えしました。今度は、あなたが立っている周りの世界を見てみましょう。自分を幸せにするにはポジションを客観的に見る視点も大切です。あなたは今どんな場所に立っているのでしょうか？

静かに存在する花格差社会の現実

現在Instagramで「#アーティフィシャルフラワー」で検索すると80万件以上の写真がヒットします。ご存じのとおり水のいらない美しい花アーティフィシャルフラワーは、リースや額に仕立てたり、ざっくり束ねた〝スワッグ〟にしたりと、壁掛けアレンジが人気です。現代の住宅事情にマッチしたインテリアとして重宝されていいます。自由に切り貼りできることが、ハンドメイドファンの心をつかみ、クラフト素材としても人気アイテムとなりました。

その一方で、全く知らずに生涯を過ごす人（大げさですが……）もいるのです。都市部では目に触れる機会もありますが、特に地方ではまだ知らない人が多いのが現状です。

例えばあなたが電車で出かけた日曜日、乗り合わせた車両で、果たして何人が「アーティフィシャルフラワー」という単語を知っているでしょうか？

アーティフィシャルフラワーを初めて見た人は、「えっ、本物じゃないの？」とたいていこう言って驚きます。実際、笑い話のようなこんなことがありました。

生徒さんがアーティフィシャルフラワーの作品を家に飾っておいたら、ご主人が植木の水やりのついでに、せっせと霧吹きで水をやっていたのです。生徒さんはびっくり！　アーティフィシャルフラワーに水は禁物！　色落ちや糊の剥がれの原因にもなり、素材によっては元には戻りません。

なんとか事なきを得ましたが、それだけ知らない人にとっては本物に見えるということなのです。優しいご主人の気持ちは嬉しいものですね。

それ以来、初めての生徒さんには「ご家族には〝水やりは必要ないですよ〟と伝えてくださいね！」と、ひと言添えるようにしています。

こんなふうに「造花ですよ」と種明かしをしなかったら、普通の人はそのまま本物だと信じてしまうほど、アーティフィシャルフラワーは知られていないということでもあります。

アーティフィシャルフラワーの先生で大切なことは、自分の感覚と、現状のギャップを知っておくことです。世の中でアーティフィシャルフラワーに出会えている人はほんのごく一部の人たちでしかないのです。

私自身もそうですが、リビングにはこれでもかと花があり、毎日、毎日、SNSで花の写真や話題に触れていると、これが当たり前の世界のように感覚がマヒしていきます。しかし、社会はそうではありません。その温度差が分からないと、未開拓のゾーンに目が向かず、井の中の蛙状態になります。仕事の範囲も可能性も広がりません。素敵なアーティフィシャルフラワーを、まだまだ知らない人にも伝えましょう。

他の人がアーティフィシャルフラワーに関心がないように見えるのは、知らないからとも言えます。

「花格差社会」は私が名付けたものですが、それは静かに存在しています。知っている人はいろいろな場面で楽しんでいるけれど、知らない人は全く知らない。知る由もない、誰も教えてはくれない……。それが大きな格差を生み「花格差社会」となっています。

「貧富の格差」のように自他ともに感じられる格差ではなく、「知らないから損をしている」ということに気付かない格差なのです。地方ではその差はもっと顕著ですし、大学生や若い会社勤めの女性もアーティフィシャルフラワーを知らないことが多いです。彼女たちはこちらが思う以上に忙しく、習い事などする暇もありません。

「結婚式当日、生花のブーケが写真と違っていて、ショックを受けた。あのときアーティフィシャルフラワーを知っていれば、前もって好みの花でオーダーできたのに」という悔やまれる報告も聞こえてきます。アーティフィシャルフラワーを使うかどうかより、まずはその存在を知ることで人生は豊かになりますね。

これからの花社会
新時代のニーズは個別の希望を叶えること

このように現在ハイクオリティなアーティフィシャルフラワーを知る人は私たちのような花業界の人を含め、本当に限られた人たちです。ディスプレーや演出の専門家か、ブライダルやインテリア関係者、若い人であれば、よほど花や手作りが好きでその世界に飛び込んだ人か、レッスンに参加している主婦の方というのが現状です。

これからの未来、私たちの立場で、このアーティフィシャルフラワーの世界をどこまで成長させられるか？　**その鍵は「ただの習い事」にしてしまわないこと、「アーティフィシャルフラワーによって、人々を普段着のままで、いかに夢のある世界に連れていけるのか」にかかっているように思います。**そして「創る」という行動の中で、本来の自分に還る癒やしを感じていただくことです。これについては後で詳しくご紹介します。

昨今、生花老舗の大手フラワーアレンジメントスクールが2校、閉校してしまったことは衝撃でした。大手スクールで一から習うニーズがなくなりつつある時代であることを示しています。

むしろ個別やミニマム、即効性のある対応が求められています。作り方は、ネットで誰でもいつでも検索できる時代です。仕事にするためにしっかり習いたい人ももちろんいますが、多くは「SNSで見かけたこれが欲しい」「その作り方だけが知りたい」「これをプレゼントに送ってほしい」というピンポイントのニーズが増えています。

つまり細かいリクエストに対応できる自宅教室の先生たちこそ、これからのニーズに対応できる最もベストポジションにいるといえます。

だからこそ、その教室に行けば、どんなものを得られるのか？　明確に伝えることが大切です。あるいはこの先生に依頼すれば何を受け取れるのか？　それによって、受け手がどう変化できるのか？　を伝えることがとても大切です。

花教室に来るあなたの生徒さんが求めるもの

花社会の現場から、今度はさらにクローズアップして教室社会に目を向けてみましょう。アーティフィシャルフラワーは、関連の協会や大手スクールなどで習うこともできますが、個人のお宅などで運営されている自宅教室やサロンがたくさんあります。

自宅教室やサロンは、その対象とする分野から「知」「食」「体」「創」の４つに分けることができます。

- 「知」は、語学・パソコンなどの学習系や音楽などを学ぶ教室
- 「食」は、料理・スイーツ・パンなどのフード系の教室
- 「体」は、エステ・ヨガなど、美容と健康のために体を動かす教室
- 「創」は、絵画・陶芸・手芸などのハンドメイド系の教室

アーティフィシャルフラワーも「創」に入ります

面白いのは、それぞれの分野で〝喜びのツボ〟が全然違うことです。各教室とも、

生徒さんの〝喜びのツボ〟にはまるレッスンができることが成功の鍵となります。どのように違うか、代表的な例をご紹介しますね。

「食」の教室

「食」の教室の大きな特徴は2つ。チームプレーであることと、ゆったりとした副交感神経優位の世界だということです。

チームプレーといわれる所以は、みんなで協力して料理を作ることだけでなく、食事中の会話にあります。誰かが嫌な思いをすれば、おもてなしは台無しになります。先生は、同じ食卓で和やかなムードになるように、仲良しグループが同じレッスン日になるように調整したり、話が合いそうな人同士で日程を組むなど、見えない気遣いをしています。お受験の話で盛り上がるママたちと、嫁や孫の話をしたい人たちをわざわざ一緒にはしません。

会話も料理の味のうち。料理そのものの腕前はもちろんですが、人気料理教室の先生は人々を楽しい気持ちにして帰す、チームをまとめる雰囲気づくりが非常にうまいのだと思います。

また料理教室は、副交感神経が優位の世界です。人間は咀嚼《そしゃく》することで、リラックスできます。野球選手がガムを噛んで緊張を和らげたり、私たちが後悔するほど食べすぎてしまうのも、咀嚼が強いストレスを緩和するための無意識の行動だからです。したがって、最後に「食べる」という、とっておきのリラックスタイムが待っている料理教室では、会話もゆったりのんびり。

さらに、教室といえども〝よそのお宅〟にお邪魔するとなれば、生徒さんの喜びのツボはおもてなしされる心地のよさにもあります。ですから人気教室の先生（家主）は、教えることプラス〝いかにして生徒さんを癒やして、おもてなしで満足していただくか〟に奔走しています。

ゆったりとした時間に、生徒さんの視線がお部屋の様子に向くのも自然の流れ。インテリアや季節のしつらえにも演出をこだわる先生がとても多いです。この努力を「楽しい！」と思える人でないと務まりません。持ち帰る作品はありませんが、生徒さんは学びプラス、味わいと雰囲気の記憶を持って帰るものなのです。

「創」の教室

それでは「創」の教室はどうでしょうか。こちらの特徴も大きく2つ。「食」の教室とは正反対で、個人プレーであることと、制作のための集中力が発動される交感神経優位な世界だということです。面白いのは、単独だからこそ自分のペースで楽しめるラクな部分もあり、集中とリラックスが同時に起こっているのです。

アスリートがベストな記録を出せるのも、集中とリラックスが同時にあるときといわれています。好きなものに触れて制作に夢中になれること、気兼ねなく自分のペースで集中できること、こんな時間は日常生活には意外とないものです。

つまり「創」の生徒さんの喜びのツボは、自分のためだけに心置きなく集中できる心地よさ。個人プレーだからこそ、完成時にはみんなの作品を鑑賞する時間も楽しいものになりますね。お互いの素敵な部分を見つけ合うことで、とてもいいヒントや刺激になります。

また、完成した作品は制作者の生み出した〝子ども〟〝分身〟のように、いつまでも愛おしく鑑賞することができます。ご自宅などに飾り、見るたびに「なかなかいい出来だわ」「もっとこうすると良かったかな」など、さまざまな感想が浮かびます。それとともに教室の風景が思い出されたり、先生の顔が浮かんだりすることもあります。

つまり「作品」というのは、あなたがいないところでも、教室の存在、そのエッセンスを発信し続けているということ。ここが作品の「肝」といってもいいくらい重要なところです。

協会・スクールの所属なら、選りすぐりのビジネスモデル校を目指そう

次に、さらに花教室の世界をクローズアップし、細分化してみましょう。

アーティフィシャルフラワーを学べるいろいろな教室がありますが、「大きな協会やフランチャイズの大手スクールなどに所属して、認定校の教室で活動する先生」と「どこにも所属せずにフリーで活動する先生」がいます。

プロになるために、ご自分に合ったほうを選べばいいと思います。ここでは、それぞれのメリット、デメリットを紹介します。

協会・スクール所属のメリット・デメリット

デザインを自由に考え、材料は他のものを取り入れたくても、教えるスタイル数は固定で、花材は協会を通じての購入指定があるケースや、ＳＮＳ表示の細かい指定、カリキュラムや指導方法を独自に変更してはならない決まりもある場合があります。これは全国どこでも、同じものを提供するというビジネスとしての社会的責任があるからです。そして団体として運営していくためには生徒さんからレッスン料を受け取っても、そこからマージンの支払いが生じ、退会した後は一定期間、花の教室はしてはならないなど、順守する規則もさまざまです。年間のメンバー更新費用、展示会参加のための出展料や、所属する先生向けの講習会費用が必要なケースもあります。

これらの制約があっても、自分１人で決める手間が省け、仲間もいて、細かいフォローがあることに価値を見いだすか、縛りや負担を煩わしく思うか、そこはご自身の判断です。

注意点としては、協会・スクール側は、最寄り駅が同一であってもいくつでも認定校を出すという点です。競合になっても配慮しません。協会にとっては、どの教室からでも生徒さんが増えれば数字上は問題なく、獲得の間口の広さを最優先するのがビジネスだからです。

つまり、たとえ大きな協会に認定校としてサポートしてもらっても、生徒さんの獲得は最終的には先生の手腕次第ということです。

協会やスクールに所属するなら、協会のテイストが自分の好みと一致していることが大事です。そして、「地域で一番大きい教室になる」くらいの気持ちで運営しましょう！　事務仕事に時間を取られず、レッスンに専念できる最高な環境です。教え方や花材ルート、ルールの順守はありますが、それを絆として捉えることで安心につなげましょう。

大手の協会やスクール所属の教室であれば、歴史や実績があるので信頼もされます。自分の教室から多くの講師を輩出して軌道に乗れば、協会や大手スクールから「〇〇先生のところは」と一目置かれます。協会の上層部に就任することもあるでしょう。先生輩出の専門校というのも、立派なビジネスモデルです。目指すは地域で一番の、信頼される認定校です。

フリーで進むなら本格的アーティストを目指そう

フリーのメリット・デメリット

一方、営業のコネもノウハウもなく、何にも頼らずに一から自宅教室を運営するというのは相当のエネルギーが必要です。でも、それに挑戦するガッツと意欲のある人が運営するのですから、その人柄と個性は突出しており、人気を呼び、大繁盛するというケースが少なくありません。

メリットは2つあります。1つは、協会に中間マージンを一切支払わなくていいこと。その分をさらなる勉強に投資したり、レッスン費用を安くすることができます。

図2－1　協会・スクールとフリーのメリット・デメリット

	協会・スクール所属	フリー
メリット	●協会からの手厚いフォロー ●業界情報が手に入りやすい ●大きな仕事が舞い込むことも ●事務仕事は協会・スクールがやってくれる	●協会に中間マージンを払う必要がない ●規則や前例にとらわれない（自由な環境で、伸び伸びと仕事ができる）
デメリット	●協会メンバーとしての義務や規則がある（スクールによってさまざま） ●生徒さんから見たら、どこの教室も同じように見える	●イベント開催時に予算などで厳しい側面がある ●業界の最新情報を自分から求める必要がある

もう1つは、規則や前例にとらわれない自由な環境です。レッスンの内容や作品テイストも一切縛りはありません。各種のイベント開催に本部の許可を取る必要がありません。「展示会に、協会の同僚や先輩を誘うべきか」と悩むこともありません。規則や人間関係に気を遣ったり、時間を取られることなく、伸び伸び仕事ができる。これこそ最大のメリットといえるでしょう。

ただ個人の力で規模の大きいイベントを開催するのは、会場費の点で厳しい側面もあります。そのため同じ業種の先生に呼びかけてタッグを組んだり、さまざまなアートの先生とコラボをするなど、自ら企画立案する力も求められます。業界の最新情報も自分から求めなければ入ってこないので、足しげく卸問屋さんに通ったり、こまめにネットで検索したり、業界情報に敏感になっていることが必要です。スキルも自分で勉強してアップデートしていくことが不可欠です。

フリーランスは規則や人間関係にとらわれる必要がないのですから、自分らしいオリジナル作品を自由に発信する〝アーティスト〟の道を目指しましょう。生徒さんの多くは、その先生のテイストが好きで集まってくれます。趣味で通う方が多く、修了の目途に左右されずに10年以上も通ってくれる方がいるのもフリーの教室です。定期でなくても、一度先生の作品のファンになったら、季節の折に参加するという方も多いです。

努力すべき点は、自分が納得するオリジナル作品を生み続けることです。アーティスト、プロデザイナーを自称して大丈夫！　自己表現の世界を楽しむ人であれば、自ずと先生の人柄やテイストに共鳴する生徒さんが集まってくれます。

協会・スクール派か、フリー派か。一長一短で迷う場合

自宅教室運営のセミナーをしていると、「協会で資格も取り、認定校として活動しているのですが、生徒さんが集まりません。協会からはメンバー更新料徴収や講習会の連絡が来ているのですが、高額なので、このまま続けていけるか不安です」という相談を受けることがあります。

協会・スクールの資格を取って認定校になっても、協会にとって所属の先生方は、支払い続けてくれるありがたい「お客さま」であることは否めません。独自に安いレッスン料を設定して、安価な花材で生徒さんを集めたくても、協会・スクール名を出している限り自由にできません。それが苦しいのであれば、独立してフリーで指導することも考えてみましょう。

私は入ったばかりの生徒さんに「なぜ、アトリエレモンリーフへ?」と尋ねてみたことがあります。すると、こんな声が寄せられました。

「いままでずっとネットで花教室を探していましたが、どのブログもサイトも同じようなものばかりだったのです。先生のところは他とは違っていたので来ました」

なぜ、こんなことがあるのかというと、協会や大手スクールではPR応援のためホームページのフォーマットも用意してくれますが、どの教室も似てしまうことがあるようです。写真の雰囲気も一緒、SNSの構成までそっくりということも。SNSには1行目に「○○認定校」と明記を義務づけているところもあります。

協会やスクールにしてみれば、認定校の拡大が目的で、「どこの認定校に行っても、同じレッスンが受けられる」ことを保証するのが、運営拡大の要になります。その協会、スクールの出身の先生には、本校と同じ作品テイスト・同じ工程で指導することをPR発信してもらうのが原則になっています。

しかし、私の生徒さんが話してくれたように、外から見た場合「どこも似ていて個性を感じられない……」というのもうなずけます。ましてや、資格ではなく純粋に「作ること」を楽しみたい生徒さんにとっては、「この教室でなくちゃ！」と思わせてくれる個性と魅力を感じることが、その教室を選ぶ大きな決め手になります。

自分の手で素敵なアレンジを作りたい方にとっては、認定校かどうかは全く関係ないのです。その先生のデザインのテイストが好きか嫌いか。それだけです。

教室を運営している方の相談には、私は次のようにお答えしています。

「組織のパワーを得たビジネスモデルを目指すのか、自由と個性のフリーアーティストを目指すのか。自分に合ったほうを決めましょう」


アトリエレモンリーフにも「認定校および認定クリエーター制度」があります。

所定のレッスンを受け、認定後はフリーで独立し、自由に活動していただけます。

デザイン、花材、指導法、レッスン構成の参考資料はお渡ししますが、デザインそのものに縛りはありません。皆さんにプロの実力をつけていただくことが私の目的であって、アトリエレモンリーフのコピーを増やすことを望んでいないからです。

「1人でも多くの方が、伸び伸び自分を表現し、アーティストとして喜びを味わってほしい」と思っています。

認定後は、認定証の提示で資材店との業務提携の道も開かれ、卸価格での取引も可能になります。工夫したのは、セミナーでよく独りでは不安という声を聞いてきたので、独り立ちしても不安がないよう、交流や情報交換ができる〝花インテリア協会〟（代表理事・影山さちこ）も設立したことです。

　こちらは年会費無料、一切の縛りを持たない協会です。同業者の交流やセミナー、ランチ会、販売イベントなど参加は自由。必要に応じて独りの不安や悩みも払拭《ふっしょく》でき、情報も入手できるコミュニティーです。

　私自身も皆さんと一緒に心地よい距離感で、アーティフィシャルフラワーを広める活動をさせて頂いています。花インテリア協会はフリーの先生ならどなたでもご参加いただけます。

アトリエレモンリーフの
認定校制度の詳細は
ホームページにてお問い合わせください。

アトリエレモンリーフ
教室案内
https://www.lemonleaf.jp/lesson.html

花インテリア協会
https://hana-interior.lemonleaf.jp

Column

プロモーションのポイント

■ネットで自宅教室の存在を知らせる基本のコツ

いまやインターネットは、水道、電気、ガスと同じように不可欠なライフラインとなっています。いくら自宅教室を開いても、ホームページもないのは、この世に存在していないといっても過言ではないくらいです。ブログがあればいいというわけではなく、やはり公式なホームページは信頼につながります。

教室に参加する生徒さんのほとんどがウェブの検索からホームページにたどり着き、自分のニーズに合致すれば問い合わせをしてくれます。

大切なことは3つ。

①教室の特長を明確にする

②それを伝えるホームページを作る
③そこにアクセスしてもらえるＳＮＳなどの環境を整える

これら３つがそろうと、問い合わせが来ます。どれか１つでも欠けると、問い合わせにはつながりません。そのための細かいノウハウについては『「自宅教室」をはじめよう　完全版』に書かせていただきましたので、こちらも参考にしてみてください。

①教室の特長を明確にする

ブログなどで、「お花以外に、ポーセラーツやマカロンタワーなどを教えます」という教室をよく見かけますが、集客のためでしたらあまりおすすめしません。魅力が分散して、自分のフラワーにかける情熱や本気が伝わりにくくなってしまうからです。

「私はこの道でいく。絶対譲らない」あなたが生徒さんなら、そんな先生に習ってみたいと思いませんか。

どこにもない魅力を打ち出せること、そしてその魅力をしっかりホームページで伝えることが大事です。トップページもキレイな花の写真だけでなく、キャッチフレーズを入れましょう。その人の心をつかむメッセージで「この教室は他とはなんだか違うぞ」と感じさせることがとても重要です。

②それを伝えるホームページを作る

ホームページには、本名と自分の笑顔の写真はぜひ掲載しましょう。その教室に行ってみようかなと思うとき、誰しも最大の関心事は「いったいどんな先生だろう」という点です。先生の笑顔があれば、当然、問い合わせのハードルがグンと低くなり、本名を明かすことは「私を信頼してください」というメッセージになります。ネットという匿名社会だからこそ、名前と写真の掲載は閲覧する人に、こちらが思う以上の効果と安心感を運んでくれます。できればプロにポートレート写真を撮ってもらうと「きちんと感」が伝わります。

ポーズについては、真顔でこちらを見ている写真より、やや目線を外しての笑顔のほうが、威圧感がなくておすすめです。両目でこちらをじっと見られると、人間も動物なので構えてしまうからです。

さらにメールアドレスの掲載は申し込みや問い合わせをいただくために必須です。できれば、個人的な連絡用とは別のアドレスが良いでしょう。くれぐれも個人情報の記載には注意。プロフィールの住所は、○○市まで、あるいは最寄り駅程度まで。「詳細はお申し込み時にお知らせします」と明記しておくと安心です。

③ホームページにアクセスしてもらえるSNSなどの環境を整える

SEO対策（インターネット検索で、自分のウェブサイトを上位に表示させたり、多く露出させるための対策）は、プロに頼むこともできますが、自分でできる効果的な方法は、ホームページのタイトル、見出し、画像の代替テキスト内で、検索に強いキーワードにタグを設定することです。ブログやInstagramなどのＳＮＳも、ホームページに誘導するアクセスアップの役割を果たしてくれます。教室サイトに登録するのもチャンスにつながります。フラワーコンテストなどでの受賞歴も、ウェブで大きく取り上げてもらえます。すべてはホームページへの流れを作ることに尽きます。

ホームページを見てもらっても、あなたの教室の特長が伝わらなければ、そこで止まってしまうのです。

先に挙げた①**教室の特長を明確にすること。②それを伝えるホームページを作成すること。③そこにアクセスしてもらえるＳＮＳなどの環境を整えること**。この三拍子をバランスよく連鎖させることが〝あなたから何をどう受け取れるのか？〟が生徒さんの中で具体化し、レッスン予約につながります。

第3章

あなたの幸せを育てる場所を見てみよう

～家庭～

「ミモザのカーリングスワッグ」アーティフィシャルフラワーの特性でもある茎は、変幻自在。カールさせてデザインに取り込む工夫はアトリエレモンリーフ流。どこにもない個性的なデザインを楽しんで。

お花の先生になろうなんて全く思っていなかった

さて、ここで少し私の花との出会いについて、お話ししたいと思います。主婦業をしながらどうやってここまで来たか、参考にしていただけたら嬉しいです。

社会人としてのスタートは映像機器メーカーの貿易部門に配属され、いたって普通のOLでした。社内には華道部があり、就業時間の後「都古流」の先生について学べる機会がありました。当時、華道は花嫁修業のように捉えていました。習って持ち帰った花をそのまま実家の床の間に生けると、とても母が喜んでくれたのを覚えています。将来お花の先生になるなど微塵《みじん》も考えていなかったので、3年たち、最初の免状を頂いたところでやめました。

いま振り返ると「この体験こそ、後々の自分にとって非常に重要なことを教えてくれていた」と気付かされます。人生って本当に不思議ですね。

その〝重要なこと〟とは、華道の考え方にあります。何もない無の空間、枝と枝の間に広がる空間をも全体のデザインの一部として捉えることです。「和のアレンジは引き算」といわれ、自然に近づくようにどんどん余計なものを省いていく。枝1本、花1輪になろうとも、自然の姿が様になるのが華道の世界観なのです。

「芯」「添え」「留め」（流派によって名称は変わります）というお花を生けるときの3つのポイントを押さえながら、空間の捉え方を学べたのはいまでも私の財産です。花の背後に広がる世界や立体感、枝越しの奥行きまで見届ける感覚が身につきました。

いま思うと、本当にありがたかったと思います。どんな習い事もベーシックは伝統の中にあるのかもしれませんね。

子育て時代にドライフラワーと出会う

結婚、出産してから、都心から離れた千葉県市原市に住み、子どもたちを自然の中で遊ばせる日々を過ごしました。公園には、いたるところにツルや松ぼっくり、どんぐりなど〝天然素材〟がいっぱい。お花の経験があるママ友に誘われて、拾った天然素材で、親子でリースを教えてもらいました。ツルを絡め、実やドライの花を配し、リボンを留めつけたその完成作品が思った以上に素敵で、子どもよりも私のほうが大感激!!

「こんなにナチュラルで素敵な作品が自分でも作れるなんて!」

それがドライフラワーの世界に目覚めた瞬間でした。

その後、千葉県浦安市に越すと同時に、当時、ドライフラワー教室の草分け的存在だった自由が丘の「DEPO39」に通い始めました。いまはもうなくなってしまいましたが、1階にはドライフラワーショップとカフェがあり、年代物の羽目板の階段を上がると、2階は天然古木の黒い梁と真っ白な塗り壁で作られたシンプルな空間。重厚なアンティーク家具が並ぶ、オシャレな世界でした。

ドライフラワーは、干して乾燥させた花です。大きさは生花の3分の1程度になりますが、天然の花の色が濃縮され、その美しさは格別なものがあり、香りにも癒やされます。当時、いまのような高品質アーティフィシャルフラワーもプリザーブドフラワーも存在しませんから、唯一ドライフラワーだけが切り貼りできる、水のいらない花としてクラフトの代表格でした。

切ったり貼ったり縛ったり、グルーガンという道具を使って、自在に花の姿を変えることができるのがドライフラワー。華道とは全く違う、クラフトとしての花の楽しさに夢中になりました。初めてリースを作ったときの感動や出来上がった嬉しさは、キャリアを積んだいまでも決して色あせることはありません。友達の自宅で教えてもらった気さくな雰囲気も懐かしい思い出です。

このときDEPO39には2年ほど通って修了証を頂き、自信がついた私は次第に「自分も、誰かにこの楽しさを伝えられるかもしれない」と思うようになっていました。「誰かに喜んでもらえたら嬉しいし、きっと自分も楽しいはず！」

いったんそう決めたら、まずは行動あるのみ！　翌週の月曜には幼稚園のママ友を誘ったり、ミニコミチラシの掲載募集枠に応募していました。

手探りでスタートした私の教室「アトリエレモンリーフ」

こうして、2000年に私の教室「アトリエレモンリーフ」が誕生しました。とにかく「お花が好き」「手作りが好き」それだけが原動力！　古巣であるDEPO39がそもそも協会を持たない教室だったので、私もどこかの協会に属する必要性を感じることなくフリーでスタートしていました。

「始めるに当たって、不安や障害はありませんでしたか？」とよく聞かれますが、何もありませんでした。「やってみてダメなら、いつでもやめられる。いままでの子育てママと専業主婦に戻るだけ」。そう思っていたからです。そんな能天気なことを言っていられるのも、夫に理解があり、生活を支えてくれていたからですね。いつでも自由にさせてくれた夫には、いまでも感謝の気持ちでいっぱいです。

さて、そんな私はホームページだけは作ってみましたが、当時はまだまだ紙媒体中心の時代。生徒さん集めの手段は、レッスン告知を住宅販売のチラシの隅に載せてもらうことでした。初めて集まってくださった生徒さんは3人。とても嬉しかったです（当時の生徒さんは、なんと20年たったいまでも残っていてくれています。感謝！）。

フリーの教室は、何から何まで1人でしなければ前に進みません。失敗もたくさんありました。

ホームセンターで仕入れた花器を並べ、「さぁ、作りましょう！」と普通にフォームを押し込んだだけで、生徒さんの目の前で花器が次々と真っ2つに！「えっ、そんなバカな……」と冷や汗をかいたこともあります。

イチから自分でプロデュースした展示会で、1人で何役もこなしているうちに、肝心の自分の作品が間に合わなくなってしまったこともありました。

ドライフラワー作品を飾っていた生徒さんからは、こんなクレームも……。

「先生、飾っていた作品に虫が湧いてしまいました！」

いま思い出してもハラハラしてしまいます。


フリーの立場のつらいところは、自分から求めなければ情報が一切入ってこないこと。そこで仕入れ業者さんに出かけては「ただでは帰らないぞ」とばかりに、新しいアイテムや人気商品、旬の情報など、いろいろなことをしつこいくらい教えていただきました。

当時から現在まで、私が仕事で最もお世話になっているのは仕入れ業者さんです。こちらも教えてもらう側ですから、お客さま然とした態度ではいられません。そんな仕入れ業者さんとのお付き合いのなかで感じたのは、こちらが信頼して頼れば、やはり信頼できる状況が返ってくるということです。花材を融通して頂いたり、協力して頂いたり、非力な一個人の教室としてはいつも頼りにしています。

たった1人の奮闘。フリーで創作に専念できた

フリーは大変ですが、どこからも誰からも守られていないからこそ、つながりや情報、得たものはすべて大切にして、私の糧になりました。多くの資金を投じたわけでもないので、守るものも失うものもない気楽さが、本気を出せるパワーにつながったように思います。本当にエネルギーに満ちた日々でもありました。

私の力の源は、とてもシンプルな思いです。

「『作る』のが楽しい。『デザイン』が楽しい。このときめきを多くの人と共感できるのが嬉しい！」

この思いはいまも変わりません。

フリーの活動の良いところは、人間関係というストレスが一切ないことです。

上司も先輩もいませんから、間違えようがコケようが、クリエイティブなことだけに専念できる自由がある！　これは創造することにおいて最高の環境でした。組織にいれば、新しいことを始めようとするときに、前例がないと行く手を阻まれがちですが、フリーは誰の許可もいりません。なんでもトライできます。

どこかに所属していたら、守られて心地よく、すべてがシステム化されていてラクチンです。それはそれで何も問題はないでしょう。でも、いまの私になれなかったことだけは確かです。人は失敗によって成長するもの。失敗するような問題が何もないことも、ある意味〝問題〟かもしれませんね。

私がバタバタしながらも楽しそうに1人でこなしている様子が「明るい先生」「分かりやすい先生」と見ていただけるのか、参加して継続してくださる方も増えました。ホームページやチラシ、口コミなどで私のデザインに共鳴して集まってくださる生徒さんが増えたのは本当に嬉しく思っています。

おかげさまで、いまでは「こういう感じのアレンジが好きです！」「こんなの作りたかった！」という生徒さんの嬉しいお声に励まされながら、教室運営を続けています。

クレーム対応はファンになってもらう絶好のチャンス

教室運営が軌道に乗っても、思わぬアクシデントやクレームはつきものです。そんなとき、「どう対応したらいいのか」「どう考えたらいいのか」を考えてみましょう。

教室を始めた頃、私が制作販売したドライフラワーのアレンジについてこんなクレームの電話がありました。

「買った花が全部ぐったりしてしまったんですけど……」。

クレーム対応ですから足取り軽くとはいきませんが、とにかく駆けつけました。ドライフラワーは湿気に弱く、置き場所や湿度によって花頭が下がってしまうことがあります。その説明が足りなかったことを謝罪し、その場で、ぐったりした部分を新しい花と差し替えました。そして、「いま直しても、湿気や環境によってはまたこうなるかもしれません。それがご心配でしたら、こちらは回収して全額ご返金させていただきます」と申し上げました。すると、「直したものをそのまま飾りたい」とおっしゃってくださり、私の対応にご満足していただけたようでした。

なんとそれ以来、その方は10年以上、私の大のお得意さまに。展示会には毎年お越しくださり、お嬢さまの結婚式のお花もフルセットでオーダーしていただきました。

生徒さんやお客さまからクレームがあったら……。憂鬱《ゆううつ》な気分になりますが、そこは発想を変えて、「その人と向き合える機会を頂けた」と考えましょう。クレーム対応は、お客さまと1対1で向き合う濃い時間。お互いが深く心を通わせるまたとないチャンスと捉えましょう。

クレーム対応は不安になるものですが、大丈夫です！　きっとうまくいきます。なぜなら、故意にしたわけではないことくらい相手は分かっているからです。目の前で誠意を持って謝る人を、人は責める気にはなれないものです。誠意ある対応をさせていただくことで、「ファンになってもらう絶好のチャンス」に変えることができます。

我慢はいらない。介護、子育てで時間がなくても、レッスンへ！

世の中はまだまだ男性社会ですよね。女性進出が目立ちますが、やりたいことがあっても、生活の部分で、子育て、介護、転勤などで、自分の人生が細切れになってしまうのは私たち女性の方が圧倒的です。

でも逆に言えば、女性はマルチタスクですべてのステージで幸せを見つけられる感性と能力があり、変化が苦手な男性よりも、何役もこなしながら、フレキシブルな対応力を持っているのが女性なのです。本当はとっても柔軟でパワフルなのですよ。

パワフルだからこそ、家族のため、子どものためにやってあげたいことは山ほどある。好きな仕事も思いっ切りやりたい。でも自分は1人しかいない。「いったいどうすればいいの……」と誰もが思っています。その答えは1つです。

「レッスンしましょう！」

「えっ、時間が足りないのに」と意外に思われるかもしれませんが、私は実行をおすすめします。たとえ月に1回でもいい、やりたいことはやる。忙しい時間の隙間を縫ってでも、ご主人に頼み込んでも、いざとなったら人を雇ってもいいんです！　お金はこういう時に使いましょう。

人間というのは不思議なもので、我慢して自分を封じているより、思い切ってやってしまったほうが、その他の事態も好転して動けるようになります。やりたいことを実行することで気持ちがすっきりして、育児も介護も颯爽《さっそう》とやりくりできるようになったり、「なんとかしなきゃ」と思い悩んでいたことも、パッと解決法が思い浮かんだりします。

その反対に、「あぁ〜、やりたいのになぁ。私には無理だ……」なんて諦めている人は、いつまでも悶々《もんもん》として前に進めません。本当の自分を封じ込めているのですから。やりたいことがあるなら、迷ってないでやってしまってください。そのほうが、普段の子育てや介護もメリハリが出て、効率がアップします。気分がすっきりすると名案も浮かび、家族にも優しくなれます。

優しいお母さんこそ家族の太陽！　あなたが幸せでいることが家族のためになるのです。

家事・子育て経験は共感を得て、教室運営にプラス！

人生は大変な場面もありますが、やりたいなら頑張って手を伸ばすしかなく、伸ばしたからこそつかめるものがあります。

それがマイナスでもプラスでも、手を伸ばしたその行動そのものが自分にとって財産なのです。「結果はともかく、私ってここまでやれるんだ」「意外と頑張れるじゃん」と行動している自分を好きになれますし、そんな自分に自分が元気づけられます。

私の場合は、そもそも普通の主婦がたった3人の生徒さんから始めた自宅教室です。味噌汁をかき混ぜながら花のデザインを考え、子どものプールの送り迎えでママ友の生徒さんに会えばお礼を言い、家族が寝静まった後に花材の仕分けをしていました。土日のサッカーチームの応援、ハラハラした受験期、回ってきたＰＴＡ役員……。母親業と仕事をやりくりし、長女として高齢の親の心配もしつつ、時には友達とのランチや映画のひとときに癒やされ、普通の主婦としての自分もあったからこそ、分かったことはこれでもかというくらいあります。特に子どもという存在は特別で命に代えても守りたい人がいる暮らしというのは、それだけで価値と意味があります。母親という役目は誰も代わりがいません。妻であることもそうでしょう。つまり「時間をとられ、不自由で、手かせ足かせ」と思っている家庭のさまざまなことは、実は「あなたが唯一無二の人である誇り高き証」なのです。

結論は、子育ても家事も教室運営にはプラスになるということ。その信念はいまも変わりません。特に女性は共感の生き物。人生経験があればあるほど、人の痛みも分かります。先生という仕事をしていくうえで、普通の主婦でいること、母親であることが、生徒さんとの絆を深め、どれほど会話を広げてくれたかは計り知れません。

生徒さんは先生の温かみを感じたり、励まされたり、共感を得たり、教室でたくさんものを受け取っています。第1章で「先生は与えるものにフォーカスする」とお伝えしました。それは作品だけでなく、生徒さんの人生までも癒される、とてもスケールの大きいものなのです。

実際の話です。職場でミスをして自信をなくしていたAさんは、完成した作品を自宅に飾ることで、達成する快感を思い出しました。家族関係に悩んでいたBさんは、みんなの作品に触れるうち、客観的な捉え方に自然と気持ちがシフトしました。子育てに追われるCさんは、褒めてもらえることがすでに、プチミラクルな体験。先生の評価をとても嬉しく感じました。

どうか自分の教室を、小さな商売にしてしまわないでくださいね。教室は人生経験を得たあなたがいるから、みんなが受け取るものがある、素敵な場所になるのです。

人生は本音で生きなければもったいない

このような経緯を経て「アトリエレモンリーフ」は20周年を迎えました。自宅教室でのレッスンを中心に、教室の受講者数は延べ1万人を超えました。その間に出版したり、テレビに出演（母の日アレンジやお正月アレンジ）したり、地元情報誌でご紹介いただくなど、私の住んでいる地域を中心にアーティフィシャルフラワーの素晴らしさを発信してきました。

定期の生徒さんが遠方に引っ越したことをきっかけに「通信講座」も始まりました。アーティフィシャルフラワーの認知度がまだ低い地方の皆さんとつながることができ、私の撮影画像で工程をたどる「通信講座ウェブレシピ」が指導の手段となっています。現在ではオンラインレッスンも併用しています。

夏休みは子ども教室も開催。結婚式用などオーダーのご依頼も頂いています。

2000年からは毎年、お花の仕事の他に、さまざまな分野のアーティストと集うアートコラボレーションの展示会を主催者として開催しています。書籍では、2014年に『人生が豊かになる自宅教室の開き方』、翌年にはハンドメイドに特化した『「自宅教室」をはじめよう』、2017年には『影山さちこの「花インテリア」』をそれぞれ出版。夢だったセミナー講師も現実になり、皆さんの前でアーティフィシャルフラワーや自宅教室の魅力を直接お話しできるようになりました。

こうしてお読みいただくと、華麗な経歴に映るかもしれません。少し前の私ならこれで満足していたか、さらに自転車操業していたことでしょう。

しかし、家族の死を境に、人生の時間や幸せを考えるようになりました。人間は、元気なうちは自分の寿命をあまり意識しません。おそらく意識しないようになっているのでしょう。なぜなら毎日そんなことを考えていたら、無気力になるからです。目の前のことが全部消える日が来たら……。自分がいるからこの世界があるのに、自分が消えて全部が幻になったら……。

いままで他の方の葬儀に参列したこともありますが、そんなことまで感じたのは親の葬儀が初めてでした。「命には本当に限りがあるよ。だから本当の自分を生きなさいね」。死をもって教えるのも、親や肉親の役目かもしれません。

人は「男だから、女だから、長女だから、長男だから、妻だから、母親だから……」と、いろいろな役割の中で生きています。それは悪いことではないのですが、最後の最後に突きつけられるのは「自分自身を生きたか否か?」ということだという気がしてなりません。

そこに気がつくと、風化していく世間評価や上下する実績にとらわれるよりも、「本音で生きよう!」と思うようになりました。

では、それは何か？　というと、私の場合は、「1人でも多くの人を、お花やメッセージを通して笑顔にすること。それは、私が嬉しいし、私が幸せ！」という答えです。それが私にとっては、自分を生きるということです。どんなに時がたっても変わらない、何が起ころうと消えることも奪われることもない幸せです。

私がここ数年用いてきたのは、そんな幸せになるための運営ノウハウであり、日々の制作であり、発信です。この回答にたどりつくと嬉しさいっぱいで、不思議なことにどんどん力が湧いてきます。この本を書いているのも、そこに力を得ているからです。

自分の幸せを定めると、外側の評価に左右されない、力強い自分を作ってくれます。感性が優位な女性は、先に自分の幸せを確立することが非常に大切です（そのためのノウハウ、自分を幸せにする方法については、第7章で詳しくお話ししますね）。

幸せと成功への最短距離

ぜひあなたも真っさらな心で考えましょう。本当の望みは何でしょうか？

どんなことを感じて生きていきたいですか？

あなたが発信する作品でたくさんの人を幸せな気持ちにしたいですか？

あなたのデザインに共感してくださる方と楽しい時間を過ごしたいですか？

あなたが先生をする目的のど真ん中にあるものだけが、真の力を発揮します。真っすぐな気持ちで人に関わるとき、作品を作るとき、SNSで発信するとき、必要な人の心にちゃんと届きます。それがあなたの喜びになり、自分を幸せにすることにつながります。

人は自分を幸せにするために生まれてきました。そのために行動するとき、本来の力が出ます。その力には一貫性があり、感動や素晴らしさが理屈抜きに世の中に伝わるのです。

Column

最愛の母が亡くなって分かった自分の天職

私は2017年、「最愛の母」を亡くしました。私の兄弟は弟ですし、子どもも息子2人、肉親で女性は唯一母だけでした。甘えん坊の私は長女でしたが、母と一緒にいることが大好きでした。実家は食堂を営んでいて、赤ちゃんの頃は母の背中におんぶされて育ったそうです。洋裁が得意で、既製品のない時代、たくさんの子ども服も作ってくれました。

月日が流れ、私も家庭を持ち、実家に遊びにいくたびにいつも元気だった母ですが、79歳でがんが見つかりました。告知を受けたとき、母が電話口で言っていたのは、「本当に佐知子はかわいかった、自慢だったよ」という言葉です。わざわざ言うなんて、何かを悟っていたのかもしれません。不思議といまもその会話が、つらいとき、苦しいとき、私を励ましてくれるのです。

母はすでにいないのに「私はずっと愛されていた」という底なしの愛を

いまも感じ続けています。つらいことがあっても、その言葉が蘇って、私は愛される存在なんだと自己肯定感の中に引き戻してくれます。亡き後でさえも、母の力は本当に偉大ですね。

誰にとっても母親はかけがえのない存在。親の他界は皆が通る道だと分かってはいても、いざ経験してみると、とてつもない悲しみでした。寂しさで胸は張り裂けそう、食事は喉を通らず、仕事も家事も手につかない。立ち直れるだろうかと途方に暮れてしまいました。お葬式の前後にもちろんレッスンもあり、自分が主催する大きなイベントも間近に迫っていました。でも、人はピンチのときに〝本当の自分〟に直面するのですね。こんな状況でも、なんと私は花の制作に夢中になれたのです。涙が枯れ果てるようなつらい渦中にいてもなお、花たちはそこから私を救い上げ、没頭という癒やしのひとときをくれたのです。

「ああ、これは自分の天職なのかもしれない」

壮絶な悲しみの中でしたが、深い気づきがあった出来事でした。

そんな母も花が大好きな人でした。小さな庭の隅に、たくさんの花をプランターに植えて楽しんでいました。母が病気で起き上がれなくなって、「持って帰って水をやって」と朝顔を頼まれました。たくさんある鉢植えの中でなぜ朝顔だったのか？　本葉が出てこれから伸び盛りの朝顔。母は種から育てていたのでしょう。病に伏してもなお草花に愛情を注ぐ様子に、まさか母が亡くなるとは思ってもいませんでした。数日後、咲いた写真を見せたら、「あら～！」と手を叩いて喜んでいました。いま思うと、自分の命さえあと10日足らずだったのに、小さな花の命に喜んでいました。

葬儀の後、できた種を泣きながら取りました。1粒も捨てられず、翌年もきれいに咲かせました。そして2回目の夏。母が残してくれた朝顔がまたきれいに咲きました。

こうして毎年夏は「母に会える夏」になりました。

「毎年咲かせている朝顔」。毎年きれいなブルー系の紫の花が咲きます。他の種ではなく、母が残してくれた朝顔の種で咲かせることが、嬉しい。母に会える夏です。

第4章

習い事より アートの楽しさを伝えよう

「大輪のアネモネと人気の細葉ユーカリのスワッグ」先端が揺れるたおやかさが魅力。アレンジは可変性を楽しむ。壁掛けが定番のスワッグをあえてテーブルに。シックなキャンドルスタンドに固定すると美しく飾れます。簡単に外せるので壁掛けにもOK。

さて第4章までいろいろはお話をしてきましたが、教室が続くためには〝自分の頑張り〟や〝女性の共感〟だけでは無理です。やはり、自分の教室の魅力を打ち出していく必要があります。

私が先生になった経緯や、私という人間のことを少し理解して頂いたところで、「どういう教室が生き残れるか」という本題に入りたいと思います。

先生の資格は集客とは無関係。資格は自分に自信をつけるもの

セミナーでは、「あんなにお金を出して資格まで取ったのに、生徒さんが来ない」「頑張って卒業したのに……」という相談も寄せられます。その回答は次のとおりです。

「資格そのものに、生徒さんを引き寄せる力はありません」

生徒さんが関心があるのは、先生の資格より、今日これから自分が作る作品のデザ

インやレッスンの中身です。

例えば、あなたが映画を見るか迷っているとき、主演俳優がアカデミー賞を受賞しているかを調べてから決めますか？　その賞は輝かしいものかもしれませんが、それは俳優さんのもの。あなたはその映画の内容にひかれて、あるいはその俳優さんが好きだから映画館に行くのではないでしょうか。

教室に飾ってある先生の額入りの資格証。それをまじまじと見ている生徒さんはいません。生徒さんは先生の作品や人柄にひかれて集まっているので、資格にはあまり興味がありません。資格はあくまでも自分自身のものです。資格で自信がつけば良しとし、生徒さんの集客とは切り離して考えましょう。


先生に必要なのは、自分のレッスンに「自信」を持つことです。資格がなくても豊かな知識と技術があるなら、ゆっくり堂々と人に分かりやすく教えることができます。そのためには、まずは信頼のおける教室や先生にしっかり学ぶことも必要ではあります。ただし、パッケージの制度で、簡単に資格者を出して更新料を取るスクールもあるので、慎重に選んでください。

しっかり学んで、規定のコースの全課程を修了し、あるいは試験に合格するなどして発行される資格は、あなたが知識を得た証です。所属する協会やスクールの先生として活動する場合には「その団体の会員証」として必要になります。フリーで教えるなら資格は必要ありませんが、人に教える自信がつくレベルまでになるために、結果的に認定証の段階まで進む人が多いということです。

「習い事」を教える教室では、生徒として卒業していくだけ

アーティフィシャルフラワーは生花と違い、いくらでもやり直しができる素材です。基本的に大きな失敗はありません。検索すればピンポイントで作り方の動画がヒットし、スマホやパソコンでいつでもどこでもテクニックを知ることができます。丈夫で便利なアイテムなので、手作りファンなら教室に行かずとも、工夫しながら見聞きした工程で十分趣味を楽しめるのです。これでは先生の出番いらずで、師匠に習わずとも成立していますね。

もはやアーティフィシャルフラワーのビジネス業界では、「師匠についてプロセスを習うスタイルはマストではない」といえます。

仮に「基礎は先生に教わりたい」という方がいたとしても、アレンジの工程を知りたいなら、数個作ればいずれは「分かりました」と卒業するときが必ず訪れます。先生志望だとしても、修了証取得まで在籍して1~2年で卒業でしょう。これでは自宅教室の先生は常に集客を考え続けなければならず、心身ともに疲れてしまいますよね。

なぜ生徒さんが卒業するのかというと、「習い事」としてレッスンしているからです。「えっ、教室って習い事を教えてくれるところですよね?」そんな声が聞こえてきそうですが、習い事は、〝習い切ったらそれまで〟。だから勉強を教える学校も、入学すれば卒業があります。

せっかく開いた教室ですから、息の長い教室であってほしいですよね。ネット社会のいま、「師匠について習うスタイルはマストではない」なら、私たち自宅教室はどうすればいいのでしょうか。

答えは1つ。それは「習い事を教える教室」ではなく、「生徒さんも先生もアートを楽しめる教室」になること。

日本の伝統文化である茶道・華道、日本舞踊などがいまも脈々と続いているのは、〝習い事〟というより、個人が深めていける〝アート〟の世界が広がっているからです。アートには突き詰めても尽きることのない面白さ、人を魅了する力があるのです。伝統文化が継承されているのは、アートの楽しさが受け継がれているからです。

アーティフィシャルフラワーの教室もそこを目指しましょう！　そうすれば、残る教室になれます。

おいしい料理を楽しむように
アートを楽しめる教室になろう

「アートの楽しさ」というのは、つまり「作る魅力を感じる」ということに他なりません。ここで改めて「作る」というアートの魅力に立ち返ってみましょう！

あなたはなぜ、お花を扱う仕事を選びましたか？　それは創造が楽しいからですよね。身につけた技術で自分を表現するから楽しいのですよね。ならば、あなたが生徒さんをその世界に連れていってあげればいいのです。

アトリエレモンリーフでは千葉県はもちろん、都内、茨城、群馬、横浜などからもお越し頂いております。新しい方も多いですが、10年以上も定期的に続けておられる生徒さんもいらっしゃいます。

通信講座は全国からお申し込みいただけますが、その通信講座さえも何年もご自宅で受講してくださる方もいます。なぜこんなに続くのでしょうか。

あるいは、すごくブランクがあっても、突然、好きな作品のレッスンにいらっしゃる方もいます。クリスマス時期だけ毎年、という方も。では、なぜ期間が空いても参加したいと思うのでしょうか。

お花の先生をされている方、プロのお花屋さんもいらっしゃいます。しっかり勉強もされているのに、なぜ来てくださるのでしょうか。

自慢話をするつもりではありません。注目していただきたいのは「コネもない私に、なぜそんなことが起きているのか」という点です。

その理由として考えられるのは、**私がレッスンで「習い事ではなく、ひたすらアートを楽しむ場を提供している」ことに徹底しているからだと思います。**


初心者もプロも、毎月の参加者も久しぶりの方もいますが、私がレッスンで提供しているのは、「作ることが楽しい」と思える時間と空間。それ以上でも以下でもありません。私も一緒になって皆さんの作品を鑑賞し、ヒントを頂き楽しんでいます。

例えるなら、〝楽しいディナー〟。「おいしいものを味わうのに終わりはなく、テーブルにつくメンバーは上下関係も、プロもアマも、常連さんも一見さんも関係ない。「一緒に味わえるよね」ということです。おなかがすけばまた食べたくなるように、おいしい食卓はエンドレスです。

先生が奔走し、工夫を凝らして作り上げた作品は、心を込めたお料理の一皿と同じ。みんなでわいわい味わうために、こだわりのメンバーが集うレストランのような教室。アートは心のごちそうなのです。

習い事の教室では初心者、年長者の段階ごとに制作するものが変わり、花材も変える必要がありますが、アートを楽しむ教室は全員が共通の花材でレッスンできます。初心者の方にはお手伝いしながら、毎月さまざまなバリエーションをみんなが楽しめるテーブルなのです。年長者には飽きさせない、物足りない思いはさせず、気が付いたらいろいろ作れるようになっているのがアトリエレモンリーフのレッスンスタイルです。

では、そんな極上の一皿をどう作りますか。習い事ではなくて、「アートの楽しさを伝える教室」になるには、どんなレッスンをすればいいのでしょう。具体的な方法をご紹介します。

演出の具体例

先生の舞台裏を見せる

「作る」ことが好きで来ている生徒さんは、誰もが熱心なプチ職人気質です。先生の作品へのこだわりにも敏感ですから、先生がどうやってその素材を組み合わせるに至ったか、そのプロセスにも興味津々です。

アートを楽しめる教室になるには、レッスンで1つの作品を作るだけでなく、先生が普段作業をしている仕事の風景を時折見せてあげることも大切です。いってみれば、教室の舞台裏です。誰しも、普段は入れない舞台裏や楽屋に入れると、なんだか特別な気がして嬉しいですよね。そんな世界に触れながら作る自分の作品は、アートの世界の一員というイメージも付加されて、いっそう特別なものになります。

あなたがいる楽しいアートの世界へ、生徒さんをどんどん連れていきましょう。

花材に出会えたストーリーを話す

「見てください、このリボン。あちこちの卸業者さんに3日間通って、やっとデザインにぴったりなものと出会えました！　こちらのリボンはつい買ってしまったけどボツでした……」

探しあぐねたリボンとの出会いのストーリーを、ボツになったリボンもお見せしながら話してみましょう。生徒さんは売り場の風景を想像しながら、目を輝かせて聞いてくれます。

あるいは新色のプリザーブドフラワーが出たら、いつものレッスンをちょっとストップして「皆さん、見てください。このたび○○社からこんな素敵なプリザーブドの新色が開発されました。ちょっと触ってみませんか？」と箱から取り出して、生徒さんの手に乗せて回しましょう。この「回す」が重要です。

先生が前に立って見せるだけでなく、生徒さんに実際に手に持っていただくことがポイント。アートは見て触れてこそ、五感にアプローチできます。触れたことで、生徒さんはまたひとつアートを体験し、見聞が広がることになるのです。

あるいはこの本のコラムから、アーティフィシャルフラワーの変遷、原産国の話などをピックアップしてお話ししてみましょう。ママ友とはできない話題がポイント。レストランでちょっとおまけのアイスクリーム、嬉しいですよね。花教室も、ただ作って終わるのではなく、新しいものや、情報タイムはアクセントとしても効果的でレッスンにメリハリが出ます。

先生は毎日花材に触れていますが、生徒さんにとって先生のトークは業界の風に触れる貴重な機会になります。

生徒の意見も聞いて参加型のレッスンを

「次のデザインはどっちの組み合わせが合うかしら？」と、実物の花材をお見せして意見を聞くのもおすすめです。すると、皆さん思いのほか積極的に自分の意見を言ってくれます。「私はこっちが一番」「こちらもいいけど、好みはあっちです」と、生徒さんと先生のデザイン会議のようになります。「次は何を作ってみたいですか？」とリクエストを聞いてみるのもいいでしょう。

時には意見を言っていただくと、教室に参加型の雰囲気が生まれて、生徒さんも自由に自分のイメージを膨らませることができます。好きなものが共通だからこそ、普段の友人とは違う会話が広がります。**特別なことではないけれど、他では体験できないこと。そんな時間を持てることがあなたの教室の付加価値になり、生徒さんのアートの世界を広げていくのです。**

もしあなたが別の人から頂いたオーダーを制作しているなら、レッスンの終了時に、「ちょうどいま、オーダー作品が完成していますが、ご覧になりますか？」と聞いてみるのもいいですね。すると間違いなく「はい」という返事が返ってきます。このやりとりが大事。無言で持ってきて見せるのではなく、生徒さんのイエスで事が運ぶ。これがアートの世界を共有している感覚につながるのです。

アートを楽しめる魅力的な教室にするためには、このようにどんどん創造の舞台裏を見せたり、意見を言って参加してもらいましょう。生徒さんにとっては、そんな話を聞けるだけでも、先生の関係者になった気がするのです。

ただ、注意すべきことが1つあります。生徒さんからどんな意見をもらっても、最終的なデザインを決めるのは先生自身だということです。一切の私情は抜き。前回はCさんの意見を反映させたから、この次はDさんのリクエストに応えなければ……となってしまうと、先生不在のデザインになってしまうので、絶対NGです。

私の場合、「ご意見ありがとうございます。実現できるか分かりませんが、今後の参考にしますね！」で締めくくっています。ポイントはあなたの教室で、先生と生徒が対等で、専門的なトークを気兼ねなく楽しめることにあります。

「花材店ツアー」を企画する

アトリエレモンリーフでは、教室イベントの1つとして「花材店ツアー」を企画しています。ツアーといっても、普段から仕入れでお世話になっている花材専門店に生徒さんをお連れするだけですが、とても好評です。

事前に、生徒さんには「店内には驚くほどたくさんの花やアイテムがあるので、飾りたい場所、生けたい花器、ギフトなら差し上げたい人の好きな色などを思い浮かべて、あらかじめ選びたい花をイメージしておくとスムーズですよ。あとは歩きやすい靴でね！」とお伝えしています。生徒さんの想像は膨らみます。

いよいよ当日。いつものレッスンとは一味違うお出かけに、生徒さんはわくわくモード！

そしてお店に到着すると、道すがらずっと続いていたおしゃべりがピタリとやみます。自動ドアが開いて足を踏み入れた途端、目の前に広がる、あまりにもたくさんのお花たち。あっけに取られて、言葉が全く出てきません。まるで天国を見るかのように、心奪われている様子。目を丸くする生徒さんを横で見ていて、私は思わずほほ笑んでしまいます。「お連れして良かった〜」としみじみ感じるのです。生まれて初めて見る世界は、誰にとってもワンダーランドなのですね。

そしてここから、「待ってました！」とばかりに、生徒さんたちのプチ職人のアンテナがピーンと立ち上がります。花選びタイム、スタート！　集合時間を決めて、自由にご覧いただき選んでもらいます。私も回りながら必要に応じてアドバイスします。

ここで生徒さんはたいてい2つのパターンに分かれます。1つは花選びに夢中になって、集合時間が過ぎてもなかなか戻ってこないグループ。帰ってきたら「何もかも素敵！」で、かごは満杯です。もう1つは、定刻に戻ってはきたものの、あまりの多さに圧倒されて何も選べず、結局かごが空っぽのまま戻ってくるグループ。どちらも豊富な花材の世界ゆえに起こる〝あるある〟の贅沢なハプニングですね。

大好きなお花に囲まれて、花を摘むように選んだり、迷ったり。その体験こそが、生徒さんにとっては先生と一緒だからできるサプライズになり、皆さん大満足してくださいます。その後のランチでは、お花の話題で盛り上がります。

参加した生徒さんから「先生はよくこれだけのお花の中から、良い組み合わせを選べますね」と感心されることもしばしば。そんな花材選びの苦労も、こうして花材店ツアーに行かなければ、生徒さんは想像もつかなかったでしょう。体験したからこそ、生徒さんのアーティフィシャルフラワーの世界の見識が広がったのです。

花嫁さんとお花選び、生涯に残る体験を1つでも多く

私はこの花材店ツアーを、ご希望に応じて花嫁さんにも体験して頂いています。ご結婚のための一生に一度のブーケ。そのためのお花選びという、特別な体験を1つでも多くしていただけたらと願っています。

花嫁さんにも店内を巡る前に、ドレスや披露宴会場の雰囲気に合った色、イメージを想定していただく時間を取っています。そしてお花畑の世界へGO!

何しろ若い花嫁さんは、平日は会社勤めが多く、花材専門店は生まれて初めてという方が一般的。花材店を訪れた方は、本当に驚き感動されます。お母さまがご一緒のこともあり、「娘との良い思い出になった」というご感想も頂いています。

【おすすめ花材店】

このようにお花の先生が自分のホームグラウンドのように当たり前に出入りしている花材専門店も、一般の方や生徒さんにとっては非日常的でミラクルな世界。生徒さんにとって、先生のアドバイスを受けながら案内してもらえるのなら、ぜひ行ってみたいと思うのは当然ですし、それを叶えられるのは先生しかいません。生徒さんを教室から外へ、よりアートの世界へ連れ出しましょう！

そのうち生徒さんも、花材店の中を1人で上手に利用できるようになり、「今度は、自宅のあの器に合うものを探そう！」「次回はこのコーナーに寄ってみよう！」とますます訪れるのが楽しくなること請け合いです。

私もこの道20年。花材店には数え切れないほど訪れていますが、一度たりとも「もう飽きた」と思ったことがないから不思議です。それだけ花の魅力は尽きません。ここで、私をいつも楽しませてくれる大手の花材専門店を3店ご紹介します。

＊株式会社　東京堂

〒160-0004　東京都新宿区四谷2-13

電話：03-3359-3331（大代表）
HP：https://www.e-tokyodo.com

＊横浜ディスプレイミュージアム
〒221-0055　神奈川県横浜市神奈川区大野町1-8　アルテ横浜
電話：045-441-3933（代表）
HP：http://www.displaymuseum.co.jp

＊アン・デコール
〒108-0075　東京都港区港南1-8-15 Wビル1F
電話：03-6712-0506
HP：https://www.and-decor.jp

その一言で変わる！　アートの体幹を育てる指導のコツ

イメージできるような表現で指導をする

アートを楽しめる教室としては、指導法も大切です。例えば、お手本を前にお花のレイアウトを説明するとき、あなたが先生ならどんなふうに伝えるでしょうか。次のA先生とB先生の例から考えてみてください。

A先生：「３カ所に分けて花を置きましょう」
B先生：「３カ所にそれぞれの花のお顔の向きを変えて、変化をつけて置きましょう。表情が出ますよ」

A先生とB先生では、生徒さんが教室で受け取れるものが全然違ってしまいますよね。A先生は「３カ所に分けて花を置く」という作業工程のみを言っています。ところが、B先生は「顔の向きを変えましょう」という「顔」という具体的なイメージをちゃんと伝えています。そして、「表情が出る」と理由も教えています。些細《ささい》なことも積み重なると、生徒さんにとっては大きな差となります。

アートはイメージすることがとても重要です。先生から聞いてイメージが浮かび、理由が分かれば、自分で創造の世界に入り、応用できるようになるのです。

知識だけを伝えても、できるようにならなければ教えたことにはなりません。基本から応用まで豊富な知識があるのは大事ですが、先生に求められるのは、生徒さんがこういうふうに作ればいいのだと、具体的にイメージできるように伝えることなのです。「どの部分をどう向けるのか、それはなぜなのか」を示すことで、いっそう、生徒さんのスキルアップにつながります。

生徒さんへの声かけは、魔法の言葉を使おう

生徒さんのやる気につながり、アートをより楽しめるようになるには、先生の声か

けもとても重要です。作品を手直しするときの魔法の言葉を2つご紹介しますね。

魔法の言葉その1　「○○するともっと良くなりますよ！」

あからさまに「この角度はちょっと……」とか「この場所ではないですね」など、否定してはいけません。手直しをするなら「こうするともっと良くなりますよ」という言い方にしましょう。

生徒さんの作品を尊重しながら直す。目の前で自分の作品が生かされるうえに、さらに良くしてくださる先生の魔法の手に、生徒さんもいっそうの信頼を置くはずです。そのとき、良くなる理由も添えると説得力がつきます。そして先生の手直しも、一度に直すのは2カ所まで。直しすぎると、先生の作品になってしまいます。

趣味のハンドメイド教室は、完璧を追求しなくても、多少いびつでも不完全でもいいのです。先生から見てそう思えるのであって、生徒さん自身にとっては完璧で、かけがえのない作品。「できた〜！」「私が作った！」その喜びがあふれています。どうか先生の価値観で、その喜びを奪ったり、消したりしないでくださいね。

アートを楽しむ教室としては、これが一番大切だと思います。仕事にしたり、国家試験を目指すような花の技能試験が待っているなら、1センチの誤差にこだわることもあるでしょう。でも「好き」をカタチにして楽しみたいと思っている生徒さんには、ご自身で作った喜びを作品に乗せて持ち帰っていただくことが、先生の何よりの役目です。アートはどれも正解で、「○○であるべき」というものではないのです。

魔法の言葉その2　「ゆっくりでいいですよ」

一斉に同じ物を制作する教室では、必ず1人や2人、遅れる方もいらっしゃいます。おそらく迷惑をかけてはいけないと焦っているはずです。そんなときは、そっと生徒さんの肩に手を置いて「ゆっくりでいいですよ」と声をかけます。ボディタッチは重要です。手当てという言葉があるように、心身ともにとても安心してくれます。生徒さんは「先生は私を見ていてくれた」と感じてくれます。

同時に他の生徒さんたちにも聞こえますから、教室全体で誰もが「マイペースで作っていいんだ」と、まるでみんながOKパスをもらったような心地になります。ほっとリラックスして、楽しんで制作に集中できます。

「ゆっくりでいいですよ」という先生の魔法のひと言で、教室が一気に和み、アートをゆっくり楽しめる雰囲気になります。

アートの体幹を育てる「お手本」についての考え方

お手本について、皆さんはどうお考えでしょうか。

私はレッスンが始まる前に、プロセスとポイントを説明します。そのとき必ずお伝えしていることは「私はこんなふうにサンプルを作ってみましたが、これは一例でしかありません。どうアレンジしてよいか分からなかったら真似をしてくださってもいいですが、皆さんぜひ自由に作ってみてくださいね！」です。

これを言うと言わないとでは、生徒さんの自由度が大きく変わってきてしまいます。習い事で終わるのではなく、アートを楽しむ教室を目指すならぜひ伝えてください。

ほとんどの人は、習い事はお手本があって、同じものを作ることが教室だと思い込んでいます。書道の授業では、お手本を真似して、できるだけお手本に近いのがうまい字だと教え込まれた方が多いでしょう。

まず、その固定観念から解放してあげること。先生が黙っていると、模倣するものだと思って作ってしまいます。模倣やコピーには、アートの楽しみは宿りません。コピーでいいなら、それはアートではなく習い事です。

アートの楽しさを教えたいなら、生徒さんの可能性そのものを引き出しましょう。重要なポイントをしっかり伝えたら、何をどこに置くかは自分で決めていただくのです。自分で創造できる伸び代が、アートの楽しさを膨らませてくれます。もちろん初めての方や不安な方もいらっしゃるので「サンプルと同じでもいいですよ」とひと言添えても構いません。

そして、大事なこと。それは、生徒さんには自由に作っていただきながら、手直しが必要なところを見つけたら、その人の個性を生かして素敵に直すことです。自分のお手本に戻すことをしてはいけません。

生徒さんのレイアウトの希望や、こうしたいという個性を生かしながら、さらに美しくなるように手直しできるのが先生の腕の見せどころです。

　例えば先生のお手本のリースが、構成上の焦点が2ポイントで作られているものだとします。ところが、ある生徒さんは3ポイントにして作っており、またある生徒さんは1ポイントにまとめています。アドバイスを求められたら、先生の仕事は、お手本と同じ数に戻すのではなく、1ポイントであろうが、2ポイントであろうが、生徒さんのそのレイアウトを生かして、さらに美しく見えるように手直しすることです。

　つまり、その場で生徒さんの作品に対応することで、先生はそこで新たな創造の機会をもらったということになります。

　生徒さんは先生の一手がどう出るか、手直しの様子を期待して見ています。先生は新しいお題を前に、葉1枚をどう置くか、お花の角度をどうするか、ベストな創造のシーンを見せるアーティストです。先生も生徒さんも創造のステージをライブで一緒に楽しんでいるわけです。これがアートを楽しむ教室の醍醐味《だいごみ》です。

　もしあなたの教室で、お手本とは違う、さまざまなレイアウトの作品が出来上がっているとしたら、それは喜ぶべき出来事です。生徒さんが自由にアートを楽しんでくれている証拠です。

違うことこそ、個性。アートを楽しむ教室において、ベースとなる考え方です。

自分の教室で「なかなか生徒さんが定着しないなぁ」と思ったなら、手直しするときにひたすらサンプルに戻していないかをチェックしてみてください。ひょっとしたら、生徒さんの創造する喜びの芽を摘み取っているかもしれません。

上手い下手ではなく、人は「自分で生み出す、考える」ことが面白いのです。生徒さんが満足するように、生徒さん自身が生み出したアイデアを生かしながら直すことが先生の仕事です。

「いい意味で、適当で自由なレッスン」が一番喜ばれる

ある初心者の生徒さんからこんなメールを頂きました。

「先生のレッスンは、いい意味で〝いい加減な〟教授方法だと思います。大きな失

敗につながらないための基本は押さえて、それ以外は生徒のアレンジに少し手を加えていくだけなので、こちらは自分がアレンジしたという満足感があります」

「先生の教室での指導は、ポイントや大切なところはしっかり教えてくださり、かつ、それ以外のところはいい意味で適当で自由なので、自分で作ったような気になります。持ち帰って堂々と、『私が作ったのよ』と言えます」

つくづく思いました。人は自分のやり方で楽しみたいのですね。2時間という枠の中で、必死にお手本を模倣するのではなく、生徒さんも創造の作り主としてハンドメイドを楽しんでいただきたいと願っていた私にとって、非常に励まされた嬉しいメッセージでした。

私がレッスンをする本当の目的は、「創造は自分の自由で良い」という観念を確立してもらうこと。そのために、よくサプライズな提案をレッスンに取り入れるようにしています。ハンガーを使ってボールブーケを下げてみたり、丸いのに球体のフォームいらずのトピアリーを作ったり、アレンジを丸ごと取り外せるようにして、いろいろな器で楽しんだり、透明なケースの中に浮いているような「エアリーキューブ」や赤ちゃんにも痛くない「やわらか花かんむり」を考案してみたり。後半の2点におい

意匠登録出願中のAiry Cube。どうやって浮いているの？とお問い合せ続出。お好みの花やアイテムで、キュートでフンワリな世界が創れます。画像はこちら→

てはあまりにグッドアイデアで意匠登録出願をしているほどです。すべては工夫を楽しむ遊び心からです。

クラフトアートは何でもあり！　そんな発想を楽しむ私の姿が影響してか、生徒さんに発想のスイッチが入り、アートを自由に楽しむ力強さや、体幹が育っているように思います。

ざっくばらんにいえば、正直なところ技術だけなら、誰でも教えられます。本やネットの動画もあります。しかしあなたという先生から受け取れるもので最もすばらしいものは、あなたのアートの捉え方や根っこ部分、楽しむセンスでありアートの体幹なのです。

「えーっ！　こんなこともありなんですね」とフレッシュな体験に生徒さんの表情がほぐれ、どこか解き放たれた様子を目にするたび、本当に嬉しくなります。

枠にとらわれない、自由な発想こそアートの神髄。何事も自分が楽しいように作っていいんだ！　自分の判断で構わないんだ！　そんな度胸がつくことがアートの体幹、それは教室をやめても生徒さんの生涯を彩る「アートを楽しむ力」として残ります。

先生としてこんなに嬉しいことはありません。教室冥利《みょうり》に尽きますね。

アートを楽しむ教室の先生にとって大事な仕事は、自分のアイデアや工夫を凝らした自由な発想と、オリジナルデザインを発信すること。そしてレッスンが始まったら、あとは生徒さんが自分自身で楽しむ力を信頼することです。

基本の技法は教えても、あとは自由に

お手本だけでなく、プロセスや技法についても、皆さんはどうお考えでしょうか。

私のレッスンでは、技法の基本は指導しますが、それを使うかどうかは生徒さんの自由です。ワイヤリングを丁寧にご説明しながらも、ひと言つけ加えます。「方法は

いろいろありますから、もしご自分でやりやすい方法があれば、そちらを選択してくださって構いません」と。

先生が公言することで、みんなが自由になれます。アートを楽しむには、その人がやりやすい方法が一番だと思います。利き手が違う人もいれば、生徒さんの中にはいろいろな教室を経験してきた方、あるいは別の大手スクールのディプロマの資格をお持ちの方がいらっしゃることもあります。違う方法で作業している方を発見したら、むしろラッキーとばかり「え?! どうやるのですか。わぁ～、そっちのほうがいいですね～」と生徒さんに賛同しながら、教えてもらうこともたくさんあります。

先生だからといって、生徒さんから教えていただくことがナンセンスとは思いません。先生だって教えてもらっていいのです。生徒さんも役に立てたことが嬉しくなります。作品を楽しむ仲間同士、情報やヒントを分かち合う、和やかな雰囲気に教室が包まれます。

「楽しい・簡単・キレイ」。自分の技法も更新する

先生自身も自分の技法を更新することが大切です。どんな大御所の先生にも「初めて」があります。かつて最初に自分に教えてくれた先生や教室は誰にとっても古巣であり、ひとかたならぬ懐かしさと思い出があるのではないでしょうか。

最初の先生の影響は大きく、仕事の考え方も傾倒することがあるかもしれません。ただ技法については、これからの長いあなたのキャリアの中での通過点の1つと捉えることが大切です。先生への尊敬の念や懐かしさはそのままに、習ったことはどんどん変えていっていいのです。

お花でいえば、誰もが知っているワイヤリングやテーピングも、ひとたび先生が変われば、技法が違うことは日常茶飯事。なぜかというと、継承を基軸にする伝統文化の華道と違って、アーティフィシャルフラワーはクラフトの世界だからです。

プリザーブドフラワーも、その開花法に至ってはここ数年で何通りも公開されています。もしかしたら、これから新しい開花法がまた出てくるかもしれません。

「ツィギーブーケ」アジサイ、ニゲラ、デイジーなどの美しいグラデーションを楽しむブーケ。ストレートなオーキッドは、ラインの要になっています。湾曲させたツイッグバンドルを入れるだけで、空間をとらえ、アレンジが広がりグレードアップします。

プリザーブドフラワーが日本に到来したばかりの当時、宝石を扱うように白い手袋をして扱っていた先生もいました。ところがいまは素手で、花の後ろに竹串をザクザク挿しては、サッとディスプレーする先生もいます。

何しろ現代では、素材や道具はハイスピードで進化しています。習った制作工程がいつのまにか古いやり方になっていた、ということも当然あり得ます。

工程は基本的に個人の自由。その先生がやりやすい方法が一番です。癖もあれば、利き手も違う、細かい作業の得意不得意も当然あります。

花の合わせ方の理論にしても同じです。メイン、サブ、葉など5つのアイテムがあれば良いとした時代もあれば、昨今では多種多様に小花を交ぜるほうが人気をよぶケースもあります。

結論からいうと、一事が万事、ハンドメイドは「なんでもアリ！」なのです。最終的にどんなものができるかが重要で、どう作るかは各自の采配になります。古巣で習った技法は更新していいのです。

何を基準に更新すればいいかといえば、私は「楽しい・簡単・キレイ」の3つを大切にしています。

いまやっているあなたのやり方が本当に一番良い方法なのか、常に自分のやり方を見直しましょう。テーピングも「足元が見えないなら、下までキッチリ巻かなくてもいいのでは？」と見直してみる。手を抜くのではなく、丁寧すぎることや、不必要なことは省いていくという選択です。

「楽しい・簡単・キレイ」のメリットは、生徒さんが喜びます。何しろ「人が集中して作ることを楽しめるのは2時間」というデータがあります。それ以上は疲れてしまいます。いかに効率良く、下準備をシンプルにして、レイアウトなどの創造の楽しい時間を多くするか。どうしたらさらに「楽しい・簡単・キレイ」にスイッチしていけるかを、柔軟に考えてみましょう。

古巣への想いは大切に、でも技術やプロセスはどんどん進化させること。変わる勇気、超える勇気を持つこと。アートを楽しむ教室を目指すなら、大事にしたいところです。例外としては、協会に所属して認定校として活動している場合。協会のやり方を順守すべき規則が存在するケースが多いので、しっかり確認しておきましょう。

先生が誰よりも楽しむことが、教室作りの基本

自信が持てないときは、大手協会・スクールの認定校の道もアリ!

ここまでお読み頂いて「生徒さんが自由に作ったアレンジを、うまく手直しできるかしら」と不安に思ったり、「全く自由と言われても、手法がバラバラだと教えづらい」

と思う方もいるでしょう。

教室というものに対する概念の違い、アートに対する捉え方もさまざまです。私のやり方も1つの提案にすぎません。不安があるなら、フリーよりは協会の認定校として教えたほうがいいかもしれません。作品サンプルも教え方も指定があるほうが、気持ちが集中できて逆に楽になることもあります。

先生業は多くの場合、初めて出会った教室に影響を受けます。お手本第一の教え方で習ってくると、当面、それが自分のスタイルになることも多いです。協会や大手スクールは認定校輩出というビジネスを展開しており、同じ価値を全国どこでも提供する責任があります。作風や技術、お手本にブレがあってはならないため、順守すべき規則などがあります。その規則があったほうが安心だと思える先生もいます。

先生が不安でいると不安が伝染して、作品にも教室にも生徒さんにもいいことはありません。フリーでも、ガイドラインのある認定校でも、ご自分が安心して仕事ができるほうを選べばいいと思います。

「私は天才アーティスト！」 作品は自分のために楽しむ

先生が不安になる、自信がないというときは、たいてい「どう思われるだろう」と相手の目線が気になっています。サンプルを作っているときに不安になるとしたら、「この作品を生徒さんに素敵だと思ってもらえるだろうか？」と、生徒さんの評価が気になっているからですね。

では、もし「教室とは関係なく、材料を好きなだけ使って、自由に作っていいです」となったらどうでしょう。「もう楽しくてたまらない！」。出来上がった作品も妥協なし、こだわり満載。「私って天才～！」って有頂天になったりしませんか？ それが本来のあなたの作品なのです。教室サンプルもそれでいいのです。天才大歓迎！ 先生はそこまで自分の作品を好きになって、惚れ込んでいいのです。

アートは作る人を幸せにします。先生こそ作品作りを楽しんで、まずは幸せな自分にならなくては。

実はアートを楽しむ教室を目指すなら、先生の楽しそうな様子もみんなのお手本なのです。幸せな先生は皆、自画自賛で楽しんでいます。作品に1ミリの謙遜もいりません。「天衣無縫」という言葉がありますが、アートはそれでいいのです。

まず先生自身が自分を解放し、アートを楽しむ世界の住人になること。先生の役目はその世界にみんなを連れていくこと。楽しんでいる先生のもとには、自然と生徒さんが集まってきます。

Column

褒める極意

「あなたは最近、褒められたことがありますか？」

この質問に、「はい」とすぐに答えられる大人はあまりいないでしょう。実は人から「褒めてもらう」ことは、大人になればなるほど遠のいてしまいます。「褒められること」は、大人の日常ではプチミラクルなことなのです。

誰もが仕事をやって当たり前、家事をやって当たり前、子どもの世話をして当たり前。皆それぞれに忙しく、わざわざ口に出して褒めないのもお互いさまだったりします。

でも、どんなに大人になっても、褒められて嬉しくない人はいないのです。人には承認されたい欲求があります。自分に関心を寄せ、良い点を見いだしてもらえることは、年齢を問わず誰もが嬉しく、ハッピーな気持ちになります。

褒める機会としておすすめなのが、あなたの教室で全員の作品が出来上がったら設ける「鑑賞タイム」です。良い点や、気づいたことを言葉にして、相手の心に届けましょう。素直な気持ちで褒めると必ず、嬉しい笑顔が返ってきます。

作品が素敵にできていたら「この部分の立体感が際立って、とてもキレイですね！」と一緒に作品を眺めます。みんなすごく良い表情で聞いてくれます。嬉しそうな表情を見ていると、こちらも嬉しくなります。

ただし、ここは本気が必要です。お世辞は絶対に見抜かれます。その本気モードは生徒さんを大好きになることで生まれます。

褒めるのはお花以外でももちろんOKです。コツは「その人を好きになる」こと。「褒める」とは、好きな人に感じた気持ちを素直に言葉にする、とてもシンプルかつピュアなことだと思います。

好きな人のことは、変化があればすぐ気づきますよね。例えば教室に入ってきたとき、いい香りに気づいたら「爽やかでいい香りですね」と自然に声をかけることができます。普段の仕事、家族構成、出身などを聞けば自然と頭に入ります。

褒めようと心がけると余計な力が入ってしまいます。そうではなく、相手に関心を持つこと、見つけた変化を言葉にすることです。

第5章

あなたのときめきを信じ切る素敵なデザインの作り方

「コチョウランと菊の和装のブーケ」ゴージャスでありながら、優しい色合いをセレクト。緑のグリーントリュフが引き締めカラーです。ブーケの仕上げは必ず持った姿を鏡でチェックします。

人は、自分の〝情報〟に共鳴するデザインを「素敵」と感じる

人気作品の決め手は「7割がデザイン」といわれています。デザインが素敵な作品は、理屈抜きで人の心を捉えます。その先生に会いたくなり、どこに教室があろうと行きたくなるものですね。

では、その「素敵」っていったい何なのでしょう。

人は何かをジャッジするときに、自分の体験や記憶にある情報を総動員して判断します。見たことも聞いたこともないものを思い浮かべることはできません。「カナダのブルーマウンテンをイメージして作りました」と言われても、写真すら見たことがなければ、どこがそうなのか見当がつきません。「ハワイの夜の虹を表現しました」と言われても、ハワイの夜の虹を見たことがない人には、理解する術がないのです。

つまりそのアートやデザインを「素敵」だと感じる理由は、見た人の中に制作者と

共鳴できる情報がインプットされていたから、ということなのです。

デザインやアートに優劣はありません。あなたの作品を生徒さんが「素敵！」と思ってくれたなら、それは両者が素敵と判定できる同じ情報を持ち合わせていたということです。似たものを引き寄せる〝引き寄せの法則〟に似ています。


ちょっと実験をしてみましょう。あなたがいま座っているところで、そっと目を閉じてください。そのまま「赤」を10回唱えて、まぶたの中でしっかりイメージしましょう。そしてゆっくり目を開けて、部屋を見渡してください。すると「あら不思議！」、赤いものが目の中に飛び込んできます。これを「カラーバス効果」といいます。こんなところに赤があったのか、と気づくでしょう。

このように、人は関心のないものは無意識により分け、実はほとんど見ていないのです。好きなデザインは気がついても、好きではないデザインは目にも留まっていません。いつも自分の好きなもの、意識しているものだけが、自分にサインを送ってくるので、視界に入るのです。

「エレガント」や「上品」が好きな人には、「ワイルド」や「前衛的」の情報はほとんど入ってきません。無意識に自分の好きなものだけを見ているので、情報も淘汰《とうた》され、好きなものに対する「素敵」と思う感覚もますます研ぎ澄まされます。

このように客観的に考えると、人気があるデザインを多く生み出す先生というのは、その先生の感性が幅広くて、AさんだけでなくBさんもCさんも素敵と思う情報を持っていて、それが表現されているから、全員の目に留まりひきつけたということです。世の中の人が素敵と感じることを〝最大公約数的に幅広く表現する能力〟に優れているといえます。

しかし、私は最大公約数的ではなく、ニッチなファンを持つ先生もたくさん知っています。その世界観を持つ人にとっては、なくてはならない先生ですし、人としてもすごく魅力的だと思います。

素敵なデザイン感覚を身につけたいなら、あえて自分の好みとは違うものや、〝新しい素敵〟に触れる体験をしましょう。いままでとは違った自分になれるはずです。むやみに迎合するのではなく、心底「これ、いい！」という体験をたくさんすることです。見たことのない作品展、海外旅行、ファッション、美術館……。普段訪れている場所は無意識に取捨選択しているので、新規のエリアを開拓してみてください。新しく「素敵！」と感じる情報が自分にインプットされると、創作意欲が刺激され、やがて作品に表現されます。そして、そこに共鳴する新たな生徒さんとの出会いが広がるのです。

「何を譲れないか」でデザインを決める。個性は後からついてくる

仕入れでお世話になっている某大手卸業者のチーフの方に「残る教室ってどんな教室ですか？」と尋ねたことがあります。すると「自分だけのオリジナリティーやこだわりを持つこと。そして、それがブレないこと」という返事が返ってきました。

彼らは日々何百件という教室、全国のお花の先生方を相手に商売をしています。どんどん有名になっていく教室、いつのまにか消えてしまった教室を目の当たりにしていますので、その言葉には重みがあります。

ブレない個性とは、「ここは譲れない」という部分を取り込んでデザインすることです。つまり自分を持っているということ。生徒さんに好かれるためではなく、自分にとって譲れない部分をとことん表現したデザインは、エネルギーのあるブレない作品になります。すると、先ほどお話しした、同じ素敵感覚を持つ生徒さんが共鳴して集まってくれるのです。これがベストな循環です。

さまざまなイメージやテイストが浮かぶなかで、こだわりの部分は何があっても変えないこと。それがブレない個性と自信につながっていきます。

ここでの「譲れない」は、真っさらな自分が「これだ！」と思う素材や組み合わせを手放すなという意味です。「自分はこういう個性でいこう！」と、最初からシックやかわいいテイストで固めてしまうことではありません。かえって選択肢が狭まります。

枠にとらわれない選択を繰り返した結果、あとからあなたの味として、かわいい系が多いとか、シック系が得意とか、あるいは私のようにバラエティーに富んだ作風になっていきます。それが個性です。「ブレない個性」とは「試行錯誤しながら、だんだんと出来上がってくるもの」と言えます。そして出来上がった個性は、いつだって自分でぶち破っていいのです。

私は花材を選ぶとき「めちゃくちゃ惚れたわ！　微妙な揺れ具合が絶妙、このデイジーに決まり！」とか「白い冬のイメージにピッタリ！　ふわふわあったかリボンに決定！」など、「もうここは絶対動かさない、外さない」というアイテムをピンポイントで決めてしまいます。デザインが最終的に出来上がるまで、それらを変えることはありません。

決めたものからデザインを連想すると、必要なものが自然にイメージできて選びやすくなります。最初のこだわりや譲れないものがあることで、色や素材の選び方に個性が濃厚に表れるのです。

自分に個性がないと思う人は、個性を作ろうとするのではなく、花材選びの段階で、そのアイテムを自分が好きか嫌いかハッキリさせることをおすすめします。

私の個性についていえば、Instagramをご覧いただくと一目瞭然で、色やメリハリがありソフトでナチュラルなものもあれば、かわいくてファンシーなもの、シックで

アトリエレモンリーフ Instagram　https://www.instagram.com/lemonleaf.jp/

モダンなものまでいろいろ作ります。自分がいろいろ楽しみたくて、そうしているうちに振り返ってみるとバラエティが個性になっていたということです。個性はつくるというよりも後付けなのです。

以前、大手の花材専門店である東京堂さんで、アトリエレモンリーフの展示会を何度か開催させて頂いたときのこと。スタッフの方が脚立に上って、1点1点セッティングしてくださるのですが、その方が作品を見ながら「先生はなんでも作るのですね」と言ってくださったことがあります。その方は長年、いろいろな先生の作品の展示企画を担当されているので「花材のプロの方が言うのだから、いろいろあるのが私の個性なのかもしれない」と自覚した瞬間でした。

おかげさまで、10年以上ご参加頂いている生徒さんからは「毎月の先生のレッスンは一度も飽きたことがない」とありがたい言葉を頂いています。それはいい意味で生徒さんを裏切り続けているからかもしれません。何しろ、ユーカリたっぷりのナチュラルバスケットを楽しんだかと思えば、その翌月には、深いブルーと紫の前衛的なクリスマススワッグが待っていたり、またあるときは、額縁をひらひらのレースで囲って、ティーポットとワッフルのかわいらしいアレンジなど、意外なアレンジを紹介し続けていますから。

いずれも、花材選びは「常に気に入ったアイテムを使い、他には譲らない」を徹底しています（135ページのQRコードでInstagramを見てみてくださいね）。

短時間に集中して花材を選ぶ

花材を決めるときは何時間も費やさないこと。これも大事なコツです。先生であっても、本当に分からなくなるときがあります。さっと見て、さっと選ぶ。集中力が大事！

私自身バタバタしていて、花材店の閉店30分前に駆け込むことがよくあります。数分で1セットのデザインを決めなければならず、そのときの私は、周りの音が何も聞こえなくなるくらい集中しています。そして、そんなふうに選んだアレンジがとても好評だったことが何度もあるのです。

生徒さんも、先生の作品が素敵かどうかを判断するのは瞬時です。つまり、「さっと選べるものは、自分の素敵と思う部分と一瞬で共鳴するポイントがあった」ということです。短時間に集中して花材を選ぶメリットは、ここにあります。

地球上にあるもの全てが素材

素敵なデザインのためには、花材の素材（アーティフィシャルフラワーか、プリザーブドフラワーか、ドライフラワーか）を限定しないことも大切です。もし「私はアーティフィシャルフラワーの教室だから」とか「うちはプリザーブドフラワーの協会だから」といって花材を決めてしまっている先生がいたら、もったいないなぁという気持ちになります。

先生の個性は素材で表現されるのではなく、色とデザインです。特定の素材だけで個性を出そうとしたら、いつかネタは尽きて、逆に不自由になってしまいます。そこは頭を切り替えて、まず先生自身が異素材の選択に自由になりましょう。

アトリエレモンリーフのレッスンでは、デザインによってはドライフラワーもプリザーブドフラワーも、アーティフィシャルフラワーも使っています。アーティフィシャルフラワーにはない、ドライフラワーの深い味わいやプリザーブドフラワーのしっとりした上品さが表現に必要なときがあるからです。

アートの醍醐味《だいごみ》は、それぞれ違う素材の質感を楽しみながら、ベストな組み合わせを探し出すこと。「地球上にあるものがすべて素材」といっても過言ではありません。選択肢の広がりは、アートの楽しみの広がりと比例します。あなたを最速でバージョンアップさせたいなら、臆せずにさまざまな異素材を取り入れてみましょう！ 楽しいだけでなく、他の生徒さんたちにも必ず新しい発見があります。先生の考え方は生徒さんにとても影響するのです。

私は以前、ホームセンターで角を養生する棒状のL字型の、角材を見つけ、5つを背中合わせに組み合わせて星型のベースにして、花をアレンジしたことがあります。そのデザインをお見せしたところ、生徒さんは興味津々。「こんなふうに素敵に使えるのですね～。同じもので作ってみたいです」とリクエストをたくさん頂きました。「まさかの養生素材も抵抗なく楽しみに取り込む、そんなセンスがいつの間にか備わってるなんて、さすがウチの生徒さん！」と嬉しくなりました。

色合わせのポイントは、グラデーション・白・くすみ

音色という言葉があるように、音楽と色はどこか共通している部分があるのかもしれません。心地良い色合わせ、キュートな色合わせ、刺激的な色合わせ……。心に響く色合わせは音楽の和音のように何種類もあって、多種多様です。

さらに音にも波長があるように、色は可視光線の波長を持っています。強弱や組み合わせで、見る人の心に色のハーモニーを伝えています。色の組み合わせにも、さらに相乗効果がアップするちょっとしたコツがあります。

人はたくさんの色を同時に見るときに、無意識にグラデーションの部分で揺らぎを感じ、ひと呼吸置いて、自分の間《ま》で色を楽しむ心地良さを感じます。目の前に鮮やかな色や濃い色ばかりが一度に飛び込んできたら息がつけません。

アレンジする作品の中に、1つはグラデーションを持つ素材を入れてみましょう。グラデーションがなければ、少量使いのカスミソウなどの「白」にも同じ効果があり

ます。

さらにくすんだ色を入れてみると、作品に〝時間の深み〟が増します。くすみ色は自然な時の移ろいや年代を感じさせてくれます。なかなか手が出ないものですが、合わせると重厚で大人の感じになります。

自分の好きな色だけで作りたいところを、ちょっと冷静になって考える。グラデーションや、少量の白、くすみ色が入っているかチェックしましょう。見る人の目がそれらの色に反応して、あちこちに動きます。動けばリズムが生じ、まさに色の和音を感じてくれます。そうなると、あなたの作品の魅力がいっそうアップします。

「緑」の効果をレッスン作品に取り入れよう

お花のアレンジの中には、必ずといっていいほど「緑」の素材があしらわれています。緑が嫌いな人はまずいません。緑が誰にでも人気なのは、実は私たちの祖先に秘密があります。

かつて、祖先は緑の中で長い間生活と体験を重ねてきました。「緑の中で暮らすと心が休まり落ち着く」という性質は、私たちのＤＮＡに組み込まれているといわれています。ガーデニングや森林浴などで癒やされるのもそのためです。

緑の癒やしで緊張がほぐれると、毛細血管が拡張し高血圧を抑えます。体温は正常に調整され、心身のバランスを回復させるようです。病院などでもたくさん使われていることからも分かるように、緑は再生、回復のシンボルでもあり、生命を養い育てるメッセージ性を持っています。考えがまとまらないときは、視界に緑を入れることで気持ちがリフレッシュ！　緊張が解けた脳が活性化して、新しいアイデアもひらめきます。

また緑は調和や穏やかさのシンボルで、リビングルームなどに緑を使うと家庭内に協調をもたらす効果があるといわれています。他に安全や信頼を連想させるので、企業のコーポレートカラーとしても多用されています。

そんなさまざまな効果がある素晴らしい緑ですが、毎日忙しい現代人は緑に囲まれる自然の中にはなかなか出かけられないのが実情です。そんなときこそ、アーティフィシャルフラワーの出番！

アトリエレモンリーフでは「リーフインテリア」という、緑の葉だけで作るオリジナル工法のインテリアアレンジのレッスンがあります（毎年夏休みの特別教室にて開催）。無機質な空間でも、リーフインテリアを飾ると、開いた窓から緑が見えているような優しいイメージになるから不思議です。

緑は特に男性に人気があり、ご主人から「もう1つ作って」と言われたとか、息子さんのパソコンの脇に飾ってみたら「これなら似合う！」と喜ばれたなど、嬉しい感想がたくさん寄せられています。

緑は季節を選ばず、お部屋の他のインテリアのカラーともバッティングすることがありません。リーフインテリアはご新居のお祝いにも大変喜ばれています。観葉植物のように見飽きることなく、長く楽しめるのも大きな魅力です。

皆さんの教室のレッスン作品にも緑をたくさん取り入れてみてはいかがでしょうか。生徒さんに、手軽に癒やしの効果を持ち帰っていただけますよ。

「リーフインテリア」アトリエレモンリーフのグリーンアレンジ

市販品との差別化を意識してデザインする

箱に収まらない伸びやかなデザイン

「作品を飾っていたら『それ、どこで買ったの？』とよく聞かれます」という話をしてくれた生徒さんがいました。ざっくりと花材を束ね、壁に掛けられる「スワッグ」というアレンジなのですが、デパートではまず取り扱っていません。ご覧になったお友達は素敵だと思ったのでしょう。その生徒さんは得意げに「『私が作ったのよ！』と言ったらびっくりされた」と嬉しそうでした。

アーティフィシャルフラワー教室は、売っていないものを作れることにも非常に大きな価値があります。

ナチュラルにツルが絡んだ素敵なリース、白樺のすっと伸びた枝先が生きる美しいシルエット、ザックリ束ねた穂先が揺れるデザイン。どれも動きと味わいのある素敵なインテリアですが、なぜ市販品にないのでしょうか。

その理由は、「専用の箱が存在しない」という売り手側の都合です。箱があり、破損の心配のないもの、安全に流通する条件が整ったものだけが、百貨店などの市場《しじょう》に出回ります。クレームが出る可能性のあるものは扱いません。

流通は箱ありきの世界。言い方を変えれば、「すべての市販のフラワーアレンジは、箱に合わせて収まるサイズに作られている」ということです。

ですから、手作り教室の魅力をアピールしたいなら、〝箱に収まらない、伸びやかなデザイン〟を提案することが、逆に市販品との差別化になるので

「白樺の枝バラのスワッグ」１本１本が伸びやかに空間を捉える白樺が魅力。その生命力は天然素材ならでは。最近はドライ素材に似合う色のアーティフィシャルフラワーもたくさん出てきました。

す。それらは売っていないのですから、欲しい人にとってはたまらない魅力です。

市販のアレンジの秘密。手作りなら優雅な透け感があるデザインに

市販の器のアレンジでよく見かけるデザインは、キュッとまとまって、器のへりにメインの花が寄せられたものが多いことにお気づきでしょうか。

その理由は、メインを器のへりから離してふんわり作れば、足元や花の間を隠す花材も必要になるからです。市販品は最も効率的にきれいに見えるよう費用が計算されるため、キュッとしたアレンジが大量生産され、便利な透明ケース入りで、母の日などは百貨店やスーパーにずらりと並びます。

一般の方はその光景を見慣れているので、キュッとした商用のアレンジを当たり前のデザインだと誤解している人が大変多いのです。先生までそう思っている人がいるので、要注意です。

外にある自然の植物を見てみましょう。そんなにキュッと地面に接していませんよ

ね。お花たちはふんわりと咲いているはず。ぜひとも、手作りするお花たちくらいは、贅沢にふんわり、自然の良さを表現しましょう。それが市販品との差別化にもつながります。

私はよく「風を感じるアレンジを作りましょう」とお伝えしています。チェック方法は、完成した作品を明るい窓に向けてかざしてみます。そうすると、根元からトップまでのアレンジのあちこちに、木漏れ日のようにチラチラと向こうの光が見えます。それくらいの透け感だと、見た目が自然でちょうどいいのです。全く光が通らなければ、詰めすぎです。

市販品との差別化を図るなら、透け感があること、風の通り道を残すこと、お花もそれぞれ風にそよぐくらいの空間を残すことです。その分、小花や葉を用意し、丁寧に足元を隠す工程も必要になります。そんなお花たちは優雅で、心地良さそうに見えます。手作りだからこそ再現できる、自然界に近い透け感や抜け感が、市販品との差別化を図れるアレンジのポイントになります。

レッスンで作るアレンジも、ゆとりのある自然の美しさを表現してみましょう。

Column

写真の習い方とInstagramのコツ

ブログでもチラシでも写真を見ない日はありません。アイキャッチとして目をひくのは素敵な写真ですし、イメージや内容も言葉よりずっと伝達しやすいもの。ですが、なかなかうまくは撮れません。

私はプロの写真家ではないので、ここではカメラの専門的なことには触れませんが、習い方についてヒントになるような出来事がありましたのでご紹介します。

実はあるときから写真の撮り方が格段にレベルアップしました。いままで私のホームページやFacebookをご覧になっている近しい友人や生徒さんからも「写真がキレイになりましたね！」とお褒めの言葉を頂くこと、多数。

そうなる以前も、私は数十名のクラスでフォトレッスンに参加していました。しかし何とも十把ひとからげの内容で、理論は分かったような気持ちにはなったのですが、一番知りたい「私のこのカメラでうまく撮るにはどうすればいいの？」というところを、すっきりと解決してくれるものではありませんでした。

何しろ、生徒一人ひとりのカメラはメーカーも機種も操作方法も違うのです。「私のこのカメラで教えて〜」というわがままな願いは、やはり大人数のレッスンでは不可能なことです。個人でしっかり教えてもらわないと！

プロに頼むと高額ですが、こういうときこそ利用すべきはブログ検索です。ネットで個人レッスンしてくださる方を探しました。〝写真〟で検索すると山ほど出てきます。好きが高じた駆け出しの写真家さん、フォト教室経営を目指している方、子育て中だけど教えたい方……。写真の知識はプロですが、修行中だったり一線に立つのはもう少し先という皆さんですから、お願いするととてもリーズナブルな価格で教えてくれます。

私はブログの記事から、お人柄の良さが想像され、青山で女優さんなども撮影しておられる写真家Aさんに、思い切って「5000円で教えてもらえますか?」と伺ってみました。するとなんとOKでした。かくして、私のカメラをフル活用して、撮り方や調整の仕方をバッチリ120分習ったのでした。

個人と集団ではお互いの集中力も違います。何度でも気兼ねなく分からないところを聞けるのが、個人レッスンの最大のメリット。

さて、私はさらに貪欲になっていきます。次に望んだのは、「じゃあ、いつも撮っているわが家のこの場所で、良く撮れる方法を知りたい!」でした。

これはもうわが家まで出張してもらうよりほかありません。遠方の方だと恐縮なので、今度は地元でブライダルの仕事をしているプロの写真家さんにお願いして、自宅に来ていただきました。こちらも2時間6000円。手作りのレフ版までプレゼントしていただき、いつものリビングで時間と太陽の角度を見ては、いろいろ教えていただきました。

こうして、なんとか私でも「キレイ！」と言ってもらえる写真が撮れるようになったのでした。そう、個人レッスンに勝るものはありません！

Instagramは、夜9時台にアップすると見ている人が多く、ヒット件数が上がるといわれています。「Facebookと連動するビジネスプロフィールを設定すると「インサイト」という分析ツールも利用できます。

ポイントはやはり魅力ある写真です。イマイチの写真なら、イメージダウンになることもあるので潔く載せないこと。

ハッシュタグについては、例えば「#花」だと検索される機会も多いですが、登録件数も多く、表示はアップした順ですからすぐ下になってしまいます。それを「#花好きな人とつながりたい」などに変えると、上位にとどまっている時間が少し長くなり、Instagramからの問い合わせも頂けるようになるので、ひと工夫してみてください。

#検索でトップに表示されているものは、獲得した「いいね！」の数とフォ

ロワー数の割合から、Instagram側が独自の「アルゴリズム」（コンピュータ上の算法）で選んだものです。

ただSNSだけのために写真撮影や編集に時間がかかりすぎるのも、花の先生としては本末転倒。そのあんばいが難しいのですが、自分が振り回されるのではなく、楽しみながら関わるのがコツです。集客のためというよりも、自己表現の1つと考えましょう。

回数や頻度よりも、投稿の1つひとつを丁寧に作ってアップすることで、作品への愛情が見る人の心に伝わっていきます。

第6章

あなたが仕事でさらに実力を出せるために

「レクタングルな器へのアレンジ」ホワイトの小花やクールブルーのアジサイをミックス。アナと雪の女王のイメージ。間延びさせないデザインのコツはグルーピングすること。シルバーの小枝を添えて動きを出しています。

あなたをランクアップさせる ブライダルブーケにチャレンジしよう

花業界では「ブーケが作れて1人前」ともいわれています。お花制作関係での採用面接では、結婚式に関わる仕事の経歴の有無を聞かれることも多いです。

一生に一度のブーケ、ぜひ、自信を持って作れるようになりましょう。アトリエレモンリーフのブーケレッスンは、定期で規定のレッスンを修了した希望者を対象に指導しています。基本さえできていれば、誰でもブーケにチャレンジできます。

ブーケ画像 https://www.lemonleaf.jp/pc/mado_Wedding.htm

その際、大事なポイントが3つあります。

①花嫁さんのリクエスト以上のデザインを提案する

花嫁さんからオーダーを頂くのは本当に嬉しいことです。一生に一度の晴れの日のお手伝いができるなんて、光栄で幸せなことですよね。でも感謝はしても、リードするのはプロのこちら側だということを忘れないようにしましょう。

花嫁さんから「こんなのがいい」という夢心地なご相談が来て、希望イメージのブーケの写真を見せてもらうこともあります。しかし、これは彼女たちがいままでの人生の数年で見聞きしてきたものの中でのセレクトなのです。

すでにお話ししたように、人は自分の情報の中からしか想像することができないのです。もっといいものがあっても、知らなければ知らないままです。

私たち花業界にいる人間の大きな役目は、まだ見たことのない知らない世界を提案し、教えてあげること。花嫁さんのリクエストだからといって、そのまま受け入れてデザインしては、自分自身も花嫁さんと変わらない情報でやりくりしていることになってしまいます。

実際、花業界にいますと、一般の方の普段の暮らしでは出会えないような素敵なスタイルやイメージにたくさん触れることができますよね。情報を持っています。ぜひとも、独自の情報も含めて、花嫁さんの好みも加味しつつ「こんなのもありますよ」と別の提案をしてみましょう。

②一般の方が陥る失敗をさせないのがプロ

一般の方は「赤いドレスには赤い花、ピンクのドレスにはピンクの花」と連想して希望しがちですが、プロとしては次のことを配慮しなければなりません。

まずドレスの写真を入手します。モニターの色の出方などで実物と違って見えますので、ご本人と必ず一緒に見て色を確認しましょう。スマホでも構いません。

注意点としてはリクエストどおりにブーケをドレスと同系色にしてしまうと、多くの場合はどちらもボケてしまって、ドレスの色が引き立たないばかりか、せっかくのブーケも際立ちません。花嫁さんと相談しながら、同系色で作るのなら、ブーケのトーンをぐっと変えたり、あるいは葉物でドレスとの境目を作ったり、ドレスにはない色の差し色でパンチを利かせるなどの提案をしましょう。

花嫁さんが最も望んでいるのは、リクエストどおりに作られたブーケではなく、素敵なドレスと自分を引き立ててくれるブーケなのです。

「バラのクラッチブーケ」クラッチは持ち方が非常に重要。アトリエレモンリーフはただ持つだけで、左肩から腕にかけて、美しく巻き付くよう工夫を凝らしたデザイン。素敵に見える持ち方のご指導もしています。

③普段のファッション感覚は手放してもらう

花嫁さんのブーケのリクエストを聞いていると「日頃の会社やデートに行くファッション感覚でイメージしているなぁ」と感じることがあります。普段のファッションならくすんだ色や落ち着いた色合いもシックで素敵ですが、披露宴のブーケデザインではちょっと違うのです。

披露宴の空間は非日常的な広さと天井の高さ、照明はやや暗く、スポットライトの光は直線的で華やかです。ロングドレスの生地は身に着けたことのない相当な量……。いつもの自分、普段の想像をすべて超えた世界が待っているのです。そのため、普段の感覚のイメージでブーケを作っても、いざ披露宴ではなんだか物足りない、暗いイメージになることも多々ありますので注意しましょう。

「ちょっと派手すぎないかしら?」というくらいでも、実際の会場では見事にドレスとマッチするという現象が起こるのが披露宴マジック。

花嫁さんの多くは毎日オフィスで忙しく働いて、お花のことも知っているようで知らない方が多いのです。そこをより素敵にプロデュースするのが私たちの仕事。花嫁さんがまだ知らない花の世界をお見せしましょう。

先日も花嫁さんにご希望とは違うブーケの画像を添付してご提案しました。ご本人にお似合いの気がしたのです。すると、こんなお返事を頂きました。

「写真を拝見しました。私には思いつかない組み合わせでした! ありがとうございます。打ち合わせまでにさらにイメージを膨らませたいと思いました。いろいろなアイデアを頂き、意見交換させていただけることを楽しみにしております!」

このように、希望どおりではない提案でも喜んでいただけます。まずは気軽に花嫁さんとの意見交換から始めてみましょう。

実際、アトリエレモンリーフでは、最初にオーダー頂いた希望のイメージからガラッと変わるブーケが続出。自分だけでは考えつかなかったランクアップにとてもご満足いただき、「アドバイスさせて頂いて良かった」とこちらも嬉しくなります。

花材業者さんにあなたにとってかけがえのない味方になってもらう

協会に所属していないフリーの教室では、どうしても最新情報の入手が難しくなります。でも、そんな私の心強い味方は、花材専門卸店の店長、スタッフ、メーカーの営業マン、産地直送の業者さん。現物を扱っているわけですから、まさに業界直結、真の情報通集団です。先方からすれば私は顧客の1人にすぎませんが、何の後ろ盾もない私にとっては「業者さんこそ、信頼の置ける私の味方」と勝手に思わせてもらっています。自分がお客だと思う感覚もほとんどありません。

店頭で次月のアレンジのサンプリングをして「この花材を使いたい！」と思ったと

き、在庫を聞きます。あいにく在庫がなかった場合、店員さんによって返ってくる答えはさまざまです。

・マニュアルどおりに「ありません」で終わってしまう方

・「〇〇頃に入ってきます。予約しますか？」と先回りしてくれる方

・「同じような花材で、こんなのがありますよ」と提案してくれる方

・裏ワザを使って「〇〇部が持っているかもしれないので、問い合わせてみますね」と努力してくれる方

これらの回答から分かっていただけるかと思いますが、その対応次第でいくらでも、いかようにも、私たちの教室は影響を受けてしまいます。作品の構成が変わってしまうこともあるのです。教室のかじ取りが業者さんに委ねられているといっても過言ではありません。

有利な情報を聞けたり、融通してもらったり、さまざまな局面で困ったことが回避できたとき、その担当者はもうあなたの大切な味方！「助かりました！ありがとうございました」と心から感謝を伝えましょう。

ピンチは共に乗り越え、絆を深めるチャンスになる

もちろん長いお付き合いの間、順風満帆なときばかりではありません。

以前「あったはずの在庫がない！」ということがありました。目の前は真っ白。レッスンは翌週に控えており、急遽《きゅうきょ》、数十名分のすべてのアレンジが全く違うものになる騒ぎでした。

でも急務なのは、生徒さんにかけるご迷惑を最小限にすること。先方を責めるより「とにかく、なんとか力を貸してください」とお願いするしかありません。

ミスは起こってしまいましたが、先方の対応が誠心誠意であるなら、それは私から生徒さんへ伝えることができます。ダメージがあったとしても、最小限に抑えられます。そのときは、業者さんから生徒さんに謝罪文を発行していただき、デザインし直した新作のアレンジを楽しんでいただくことができました。

問題が発生したとしても、業者さんが迅速かつ誠意ある対応をしてくれるところなら、こちらはほっと胸をなで下ろすことができます。面倒なトラブルも、対応次第で

第1章
第2章
第3章
第4章
第5章
第6章
第7章

良い関係を育むきっかけになります。ピンチを一緒に乗り越えた後には、また新しい信頼関係が生まれます。私はそんなことを幾度も体験し、教えてもらってきました。

1人で頑張る自宅教室の先生は、ぜひ、業者さんとこのような関係を目指してください。もちろん、このような人間関係は一朝一夕にできるものではありませんが、今日からでも育むことができます。

最初のステップは、レジの対応で印象の良い店員さんの顔と名前を覚えることから始めましょう。電話をするときも、できればその方を指名するのです。店内で見かけたらこちらから挨拶や声掛けをしましょう。自分の名前を覚えてもらい、声をかけられて嬉しくない人はいません。あなたの期待に応えようと頑張ってくれます。

材料の仕入れは、教室運営者にとっては立ち入ることができない〝聖域〟とも思える分野。業者さんと仲良くなって、何でも聞き、どんどんお願いしましょう。媚びるのではなくて、「教室の仕事を応援してくれる仲間、大事な私の味方」というイメージを抱いて業者さんを訪れること。その思いは、長いお付き合いの中で必ず先方に通じ、やがてプライスレスな特別な情報や対応を受け取れるはずです。業者さんとの信頼関係をご自身の教室に上手に生かしていきましょう！

伸びる教室を支える資材確保システム

一般に花材業者は大きな倉庫を持っており、在庫を管理しています。店舗ではその一部を並べて販売しています。アトリエレモンリーフが成長できたのは、「資材確保システム」のおかげといっても過言ではありません。

私たちのようなお花教室の先生は、見込みの予定数よりやや多く花材を確保できていれば、その数に達するまでならレッスンの申し込み受け付けを安心して受けることができます。「締め切りは過ぎたけど、まだ間に合いますか?」「友達が急に参加したいと言っているけど大丈夫ですか?」という追加にも対応できます。

この「資材確保システム」は、心置きなく生徒さんを募集できる最高の環境であり、お花教室が育つ条件としてはこれ以上ない、ありがたいシステムなのです。資材確保システムがなければ、購入数以上の生徒さんは急には対応できません。同じ花材の在庫の有無から調べ、買い出しに行く時間も必要です。予約したいと言っている人にすぐOKのお返事ができないもどかしさは例えようがありません。

反対に多めに購入したらしたで、その数に予約が達しなくて花材が余ったらどうしようと心配になり、それもストレスになります。レッスン代を頂いても、残った花材の支払いで赤字になっていたのでは悲しすぎます。

このように、資材確保システムがなければ、足りなくても地獄、余っても地獄で、とてもメンタルが持ちません。自宅教室のマンパワーに限りがあります。金銭的体力もありません。だからこそ、花材の購入前に、必要数より少し多いくらいの数を確保できるシステムの恩恵は非常に大きいのです。

アトリエレモンリーフにとって、このシステムはまるでゆりかごでした。リスクから守られて、心置きなく大胆に募集告知ができたことはいうまでもありません。資材店さんには本当に感謝の気持ちでいっぱいです。

資材確保システムについては、花材店によって対応できるところとできないところがあります。デポジットとしてある程度まとまったお金を預託するシステムのお店や、取引金額によって条件が違うところなど、さまざまです。

そうはいっても、花材店も基本的には「売りたい」のです。どんどん交渉しましょう！　お互いに仕事ですから、交渉するのに引け目を感じる必要は一切ありません。例外だって存在します。融通だって利くときもあります。まずは交渉する勇気を持ちましょう。

そしてサンプリングで使わなかった花材や、どうしても余剰になって手元に残った花材は展示販売会やネット販売で世の中にデビューさせましょう！　お花たちをクローゼットに眠らせておくのが一番もったいないですものね。

業者さんの展示会を仕事モードで徹底利用

業者さんに取引登録をすると、次のシーズン向けの資材展示会の案内が来ます。展示会にはキャンドル、ドライ素材、器など各種メーカーが集まっており、春夏または秋冬モデルの最新資材やアイテムを手に取ってみたり、まとめてオーダーできる機会になります。

この会場を自分1人で眺めて回る人と、メーカーのスタッフや取引先の業者に声をかけて説明を聞きながら会場を回る人とでは、受け取る情報量は天と地ほど違います。これはある時点から、私も説明を聞き始めてみて痛感したことです。仕事に生かせる最新情報は、会話なしでは得られません。

各社とも担当スタッフは製造工程に詳しく、持っている情報量も違います。せっかく訪れたのなら、それぞれの資材企業の担当者に直接声をかけて聞きましょう。

「おすすめを教えていただけますか？」

そんなふうに質問すれば、会場をスムーズに案内してもらえます。チェックすべきは「見た目が素敵なのにリーズナブルなもの」「売れ筋で人気はどれ？　それはなぜ？」という情報はとても重要です。また耐久性や色落ち、使い方など、その専門家でなければ分からない細かい情報も担当者はたくさん持っていますので、教室のレッスンサンプル制作の考案にどんどん生かしましょう。

このとき、教室で公開できそうな情報は写真を撮ったりメモしておいて、教室で自分の言葉で生徒さんに伝えましょう。先生から発信される専門的な話題は、生徒さんにとっては〝業界の風〟であり、あなたのプロとしての印象も深まります。

展示会は貴重な情報の宝庫なのですが、先生同士の仲良しグループで回っている光景もよく見かけます。好みが共通している友達や知り合いと一緒に回りたいという気持ちはとてもよく分かります。素敵なディスプレーや新商品に、会話も盛り上がるでしょう。

でも、それでは仕事になりません。自分の教室のために必要なことを、メーカーの担当者と歩き、じっくり説明を聞かなくてはせっかくの機会がもったいないです。

自分の心を捉える素敵な素材に出会ったなら、価格ラベルと実物を丁寧に撮影したり、「来期の教室で何をどう作って提案するか」「この花材をどう生かしたら素敵になるのか」「ロットはいくつからか、予定数と価格は合うのか」を具体的に考えましょう。来期のデザインは、教室の運命を大きく左右します。

自分の教室をより充実させてランクアップしたいなら、そして生徒さんに〝業界の風〟を届けたいのであれば、友達とは集合時間を後で決めるなどして、仕事モードでしっかり回ることをおすすめします。

自分の作品を発表する展示会を開こう

教室の展示会を開催して、アーティスト魂を全開！

展示会は自分が作りたいものを思う存分に作れる機会。何にもとらわれない自由な心で制作できます。たまには思い切り「創造の世界」に浸りたいと思いませんか？　自分の教室の展示会を開催しましょう！　まさに創作者の本望。ストレス発散にもなります。

余計な気遣いが一切いらない状態で制作に没頭すると、本当にあなたらしさがあふれる作品が作れます。伸び伸びと自分を表現することが、先生自身をさらに大きく成長させてくれます。

オーダーのリクエストに応じる必要もありませんから、予想外のアイデアが思いついたり、いままでにない作風が生まれたりします。この際、予算は度外視。好評だったデザインは教室のレッスンに取り込めるメリットもあり、いいことづくめです。

他の作家さんとタッグを組んで展示販売会を開催

私の教室「アトリエレモンリーフ」では、毎年お花以外の業種の手作り作家さんたちとの展示販売会を主催しています。1人では費用が大変なホテルの宴会場での展示会も、タッグを組めば実現します。

最初は、たった3組のハンドメイド作家からスタートしました。場所もホテルに頼み込んで、フロント脇の談話室のようなところをご厚意でなんとかお借りして開催。もちろん、最初は低予算でできる公の施設も当たりましたが、値札をつけることが禁止されていました。フリマも考えましたがイメージが合わず、その結果、費用はかかっても自由に販売できるホテルの宴会場に行きついたのです。

開催宣伝、告知は地元のミニコミ誌だけが頼り。友達に知らせたり、地道に毎年開催するうちにハンドメイドアーティストの展示者が増え、来てくださるお客さまも地元を中心にクチコミで広がっていきました。

3年目くらいから会場は小さいながらも2階の正規の宴会場を仕切って使い、やがて5年が過ぎてその宴会場の仕切りが外れ、広く使うようになりました。だんだんと常連のお客さまがついてくださり、参加アーティストも新旧定着してきました。10年あまり過ぎたところで、1階の大宴会場に移動。数年間その半分を使用した後、17周年を迎えたいまでは1階をすべて借り切ってホテル内で最も広い大宴会場で開催するまでになりました。

おかげさまで市内でも恒例の秋のイベントに成長し、現在では参加アーティストは30組近くに。お客さまは300名を超え、開場前には長い行列ができるまでになりました。手作りが好きな主婦3人がホテルの片隅からスタートしたときには考えもしなかった規模です。

このアトリエレモンリーフ主催のアートコラボレーションのコンセプトは、営利目的ではありません。秋の1日に作品をゆっくりご覧いただく芸術鑑賞の意味合いも持つ展示会です。そのため最初の2時間は販売しません。むしろ展示のみで参加されるアーティストもおられるほどです。その上で「もしも作品を望んでくださるお客さまがいらしたら、材料費程度にてお分けします！　どうぞこの機会をご利用ください」というのがコンセプトです。

値段は各アーティストの自由ですが、皆さん、とても良心的なお値段です。主催者としては、売り上げのマージンを頂くことも一切していません。

みんな〝WIN-WIN〟だから、18年続いた

なぜこんなに長く続けてこられたのかと振り返ると、答えは1つ。アーティストとご来場のお客さまがともにWIN-WINの関係だからです。

お客さまのメリットは、優雅なホテルという非日常的空間の中、たくさんのアートが見られること、高品質な作品が百貨店などより断然リーズナブルに買えることです。しかも毎年、地元の決まった場所で決まった時期に開催しているので、ある作家さんのファンになったお客さまにとっては「また来年、あの作家さんに会える」という1年に一度のお楽しみになっていた、という素晴らしい循環が生まれていました。

一方、参加アーティストにとって嬉しいメリットは、ネット販売にはない生き生きしたライブ感です。目の前でお客さまに作品をご覧いただけ、そこに会話があり、表情があり、直接お礼が言える。このライブ感とその場で受け取れる幸せは、ネット販

売では絶対に体験できないものです。
それはアーティストとして喜びであり、大きな励みとして、これからのエネルギーになってくれます。毎年常連のお客さまとの再会も楽しく、アーティストとしても思い入れの深い体験ができるのがアートコラボレーションの展示会なのです。

さらには共同展示することで、自分の範疇《はんちゅう》では出会うことがない、他のアーティストのお客さまとのご縁も広がります。知らない方に足を止めて見ていただけるというのは、自分1人の展示会ではなかなかあり得ません。お客さまのご招待にしても、いろいろなアートが楽しめることをＰＲできますので、とても誘いやすくなります。お客さまも気楽に足を運びやすいようです。

またアーティスト同士の交流も楽しく、他の人の素晴らしいアート作品に触れ、多くの刺激を得てモチベーションもアップする貴重な機会になっています。各自が展示会を宣伝することで、すべての参加アーティストにとってのプロモーションになるという相乗効果も素晴らしいものです。

展示会の様子 https://www.lemonleaf.jp/pc/mado_Ex.htm

出展料というハードルがクオリティーの高い作品を集める

嬉しいことに、アトリエレモンリーフ主催のアートコラボレーションは非常に作品のクオリティーが高いと評判で、「そうなる理由はなんだろう」と考えたとき、ある答えにたどりつきました。

ホテルでやるからには出展料がかかります。出展者募集の告知を見て連絡してくださる方の中には、費用の説明の段になると、「そんなにかかるんですか⁉」と辞退される方も少なくありません。

このように出展料は募集時のハードルにもなりますが、逆にそのハードルがあるからこそ、「ホテルというステータスのあるステージで、自分の作品に光を当てたい」という意識の高いアーティストが集結できる、それがアートコラボレーションなのです。そんな自分の作品に誇りと愛情を持つアーティストが集まるからこそ、作品のクオリティーが高いという評判を頂けているのだと思います。

開場前のひととき、そのドアの向こうに並ぶお客さまの気配を感じながら、私は総点検を兼ねて、アートブースの並ぶ通路を歩きます。照明の中で、キラキラと光りながら並ぶ、手作りの作品の数々。その光景は本当に圧巻で、言葉にできない素晴らしさです。これればかりは何回見ても、「これは夢なのでは?」と毎年、感無量になります。私1人だけでは絶対に実現できないことです。

ぜひ、皆さんも展示販売会を企画してみてください。最初はたった3組のコラボでいいのです。地元のホテルなどの決まった場所で、決まった時期に企画してみてはいかがでしょうか。

アーティストの1人として、時には先生業から離れて、思う存分に創作できることは大きな幸せです。作品バリエーションが増え、教室そのものもステップアップするのは間違いありません。

Column

知っておきたいアーティフィシャルフラワーの変遷

日本のアーティフィシャルフラワー（ここでは広義に「造花」という意味）は、昭和初期、主に「花輪」の需要から生まれました。ご近所のお葬式に、商店の開店祝いに、昭和の時代にはあちこちで造花の花輪が飾られる風景が見られました。当時の造花は見るからにビニールで、色も単色。特にお祝いの花輪は、ド派手な原色系。生花の「代替」「間に合わせ」であることは誰もが承知していて、使い回しができることは商業的にも価値がありました。

そして数十年という時が流れ、変わりゆく住宅環境、地球温暖化、社会のニーズと技術の進歩によって、アーティフィシャルフラワーのクオリティーはとてつもなくアップしました。

現在の主な原産国は中国です。日本の花材業者からスタッフが出向き、1つひとつ繊細な色の出方などを決め、OEM（他者ブランドの製品を作ること）で生産されています。その質感と色合いは、まるで「今しがた摘んできたの？」と思えるくらいフレッシュ！　植物本来のマットな質感が再現されています。私がいつも感心するのは、ちょっと汚れたようなかすれ具合や、自然のくすんだ色合いも実に見事に表現されている点です。天然の風合いこそ命。整え過ぎない、作り込み過ぎていないことがかえって贅沢で、繊細な日本人好みにデザインされているのを感じます。

ちなみに、私が最も素敵だなぁと思うアーティフィシャルフラワーは、アジサイです。色の濃淡の違う細かい花びらを密集させて1つの花に仕立ててあり、調和したカラーグラデーションにうっとりしています。飾っていると「明日の朝起きたら、黄緑の花がブルーに変わっていたりして……」という想像をしてしまうほど。アトランダムに施されたグラデーションが美しく、ひらひらと柔らかい花びらたちは、本物のアジサイのようです。

アーティフィシャルフラワーは世界中にありますが、国民性やその国の天候によっても人気のテイストは違います。曇りの日が多いヨーロッパの国などでは明るく華やかな色が好まれ、アメリカなどはストレートで明快な色が多いようです。そんな細かいテイストまで再現できてしまうのが、アーティフィシャルフラワーの素晴らしさです。

第7章

あなたの幸せが、人を幸せにする理由

「花束」ニゲラ、デイジー、アジサイなど、優しいブルーと紫の花たち。花束やスワッグのポイントは空気感を取り込むこと、詰めすぎはNG。ランダムな束ね方でナチュラル感を。

幸せはポジティブとは限らない

さて、いよいよこの本の終わりに近づいてきました。

第1章では人は集めなくていいこと、与えることにフォーカスする先生としての立ち方、ノウハウを継続させるコツ、第2〜6章ではあなたを取り巻く世界や、私の事例、生徒さんをアートの世界に連れていく方法、素敵なデザインを考えるコツをご紹介してきました。それらはすべていまからお話しするあなたの〝幸せ力〟によって実行することができます。

最終章では、その最も大切な〝幸せ力〟をつける方法をご紹介します。

いま、あなたの頭の中にはこれまでご紹介してきた実務のヒントでいっぱいになっていることでしょう。それを全部いったん脇に置いて、肩の力を抜きましょう。思い切り伸びをして、一度深呼吸しましょう。

真っさらな気持ちでこの章を読んでみてくださいね。

自分を幸せにするのに、ひたすらポジティブである必要はなく、自分を許す力、癒やす力に包まれましょう。〝幸せ力〟でブレなくなるというのは、強くなることではありません。浮き沈みや偏りのないニュートラルな平衡感覚を持ち、穏やかな気持ちが保てるということなのです。

幸せな人、ご機嫌な人になるのが最強の集客法

冒頭でお話ししたように、ベストな集客はあなたが集めるのではなく、集めなくても結果的に人が集まるようになることです。

人は、明るく、幸せで、キレイで、輝いている人に集まる性質があります。なんらかの良い影響を得られることが無意識に分かっているからです。人気のある芸能人は、プライベートは分からないとしても、そういう雰囲気を醸し出していますよね。

満たされて幸せな人には、マイナスの雰囲気がありません。そこに自然と人が集ま

るのは、見えない何かをキャッチしているということですね。

例えば、「ちょっと道を尋ねたい」「誰かにシャッターを押してもらいたい」とき、あなたは何を基準に声をかけていますか？　その判断基準は誰にも教わっていないのに、無意識で判断していますよね。これは、あなたが潜在意識で雰囲気を感じ取って相手をジャッジしている状態です。

つまり理由は分からないけど、「この人は大丈夫そう」と思えたわけです。「大丈夫」とは、「暗くない」「追いかけてこない」「依存されない」というような雰囲気です。この人とは心地よいスタンスを保てるという「安心できる距離感」も判断しています。道を尋ねるくらいで大げさと思うかもしれませんが、自分を守りたいのが人の本能。ですから、関わる人と安全な距離感を保てるかは、非常に大切なことなのです。自分を助けてくれても、その後は放っておいてくれることが肝心。こんな複雑なことを潜在意識下で瞬時に判断しているのですから、人間ってすごいですよね。

このことから、パラドックスですが、教室の先生も「自分が幸せで、集客に執着しない人」にこそ、人が安心して寄ってきてくれるのです。集めようなんて思わない、先生自身が自分を幸せにすることを楽しんでいる、そんな先生でいることが、結果的に最強の集客法になるのです。

理想の教室は、ディズニーランド

そんな素敵な集客ができている最も代表的な例がディズニーランドです。日本だけでなく、海外からもお客さまが集まります。ディズニーランドはお客さまの方から集まるという本当の集客ができている典型的な場所です。園内で働くキャストといわれるスタッフたちは、いつ遊びに行っても、楽しそうで悠々としています。

キャストはキャストであることを、誰よりも楽しんでいる（もちろん相当な訓練を受けているはずですが）、この雰囲気がお客さまにとっては心地よいのです。明るくて幸せで、放っておいてくれる自由がある。顔色もうかがわれず、自分のペースで楽しめ、伸び伸びできる。困ったり、サービスが欲しいときは、求めれば助けてくれる。

実はこれが生徒さんと先生の理想の関係、教室の在り方なのです。まず先生が楽しそう！　作品制作やレッスンのときに、先生が生徒さんの顔色をうかがうこともなく、適度に放っておいてくれるから、自分は作ることを存分に楽しめる。困ったときは快く助けてくれる。ディズニーランドと同じですね。

このことは家族関係も同じです。あなたが好きなことをしている姿にご家族は安心します。自分を大切にしている姿だからですね。

子どもも大人もお年寄りも、各自が思いっ切り自分を大事にするならそれは素敵な社会貢献です。周りが心配せずともひとりで楽しそうにしていてくれるのですから、こちらも安心して自分のことに専念できます。実はこれが一番ベストな関係なのです！　簡単には実現できなくても、**「自分が好きなことをすることが相手にとってもプラス！」という考え方を持つだけで、毎日が伸び伸びしてきますね。**

ディズニーランドに世界中から多くの人が集まる理由は、キャスト自身が幸せ王国の主だからです。教室主宰者であるあなたも、アーティフィシャルフラワー教室という、幸せ王国の主になりましょう。

では、どうやって自分を幸せにしたらいいのかについてお話しします。

本当の幸せは、自分の内側にある

まず、幸せというものについて考えてみましょう。

「幸せなアーティフィシャルフラワーの先生」といったら、皆さんはどんなイメージを持つでしょうか。生徒さんが絶えず全国からやってきて、オーダーもひっきりなしにあって、本も出版し、話題になってTVやネットなどのメディアにも登場。容姿も素敵で、華やかな雰囲気の優しい先生。マイナス要素は何もありません。

では、あなたがこのすべてを手に入れたときの心境を想像してみてください。あなたは本当に「幸せなアーティフィシャルフラワーの先生」になっていますか？

おそらく思ったほど幸せではなく、気は休まらないはずです。生徒さんはずっといてくれるとは限らないので、永遠に集め続けなくてはいけないからです。どんなにメディアで有名になっても、人々の興味はそのときだけで、また次の注目される人が現れれば、自分は〝過去の人〟。容姿も美貌も年齢とともに変化します。時とともに変化していくものを追いかける人生はとても大変です。

天下を取った企業でも買収されるし、トップ企業のリーダーだって失脚します。それらの成功は社会という座標の中での成功であって、座標から外れたらそれまでです。時とともに変化したり、社会の座標の中でしか存在できない幸せを追い求めるのは、気が休まりません。失うたびに苦しみます。

愛する家族でさえも成長し、独立し、家族の構成メンバーもライフスタイルも変わっていきます。愛おしい子どもも、いつまでも「ママ、大好き！」と自分のそばにいてくれるわけではないのです。お金は使い果たせば終わり。どんな豪邸も住み慣れてしまうし、ブランドのバッグも服も手に入れたときが頂点で、また新しいものが欲しくなります。世間から称賛された名誉も地位も時間とともに色あせ、風化します。そんなものが「幸せ」であるはずがありませんよね。

自分の外側に幸せを求めると、あったものがなくなっていく環境にどんどん苦しくなります。あなたの外側にあるものは、あなたの力で同じ場所に留めることはできないのです。

本当の幸せはそんな世間の状態とは関係なくずっと変わらずにいつもあなたのそば

にあるからこそ幸せと言えるのです。例えばあなたが子どもをかわいいと思う気持ち、朝日がキレイだと感動する心、作品を夢中で制作する楽しさ、完成したときの高揚感、家族や友人の幸せを共に喜ぶ気持ち、自分の頑張りを自分でねぎらう気持ち、大好きだった人の言葉や温かい思い出……。これらは永遠です。いつもあなたと共にある幸せです。

幸せとは、このようにあなたの内側にあり、あなたを穏やかで平和で心地よい気持ちにしてくれるものです。幸せを心に持っている人は、苦しいことがあっても自分を立て直し、また心地よい場所に自分を戻すことができます。

心が幸せであれば、現実も間違いなくいい方向に動き出します。

心が幸せになる方法はたった1つだけ。

「あなたの心がしたいことを実行する。迷ったら心地良いほうを選ぶ」

実にシンプルです。

「したい」だけを実行して、幸せの循環を作ろう

人は、したくもないことをしている自分を絶対に好きにはなれません。心のどこかで自分を否定しながら自分を丸め込むのは、とても苦しい作業です。時にはハチャメチャでも、自分の気持ちに正直に実行しているほうが自分を好きになります。自分を好きというのは、言い換えれば「自己肯定感」を持っているということです。

結果や人の目を恐れずに、「○○したい」を実行しましょう。そんな自分は、誰よりもまず自分が応援したくなります。そして、やりたいことをしている自分に「自己肯定感」が持て、幸せな状態になります。こんな自分が好き！　と思ってする行動は、感性（気持ち）と思考（行動）が一致しているので、パワーは絶大です。目指す方向に何も迷わず前進できるのです。それが、私が考える「幸せの循環」です。何度も強調しますが、女性は感性が優位。自分のしていることが好きになれなければ頑張れません。

「幸せの循環」の中にいる人は、人気や評価にメンタルが左右されません。自分の

ためにしたいことをして心地よい状態にいるので、作品作りも人付き合いも伸び伸び無理なく取り組めます。結果として、その人らしい納得できる作品が作れるのです。まさにそれこそが「幸せなアーティフィシャルフラワーの先生」の姿ではないでしょうか。

そんな先生になってみたいですよね。コツとしては、「○○になるには、どうすればいいだろう」とやり方を思いあぐねるより、ストレートに、自分の「したい」を実行することです。

図々しくてもいいのです。あれこれ計算しないで、やりたいことを無頓着にやってしまう人。そんな人のほうが結果的にはうまくいく例をたくさん見てきました。

例えば、アーティフィシャルフラワーを教えるのに資格はいりませんから、誰かに教えてみたいなら、ボランティアでもご近所でもとにかく教えてみる。作品を作りたいなら、多少の赤字でもまずは作ってみて、ＳＮＳを使ってその作品を発信してみる。誰かに教えた時点であなたはもう立派な先生ですし、作品を発信した時点で立派なアーティストです。

「したい」を実行したあなたの中には、間違いなく喜びや幸せが広がります。そのうえ、やってしまったことは実績になり、それが口コミで広がり、知り合いから「作ってほしい」と仕事の話が舞い込んでくるかもしれません。もっと自信をつけるために協会の資格が欲しいなら、あとからいくらでも取れます。

ちなみに、私が実行している「したい」は2つあります。1つは「作品制作を自分の色で楽しみたい！」、もう1つは「自分の言葉で発信し、必要な人に届けたい！」です。そのためにすべての選択と行動をしています。これは私がそうすると幸せになれるからであって、誰かのためにしているわけではないのです。

あくまでもあなたが「したいことをするのは自分の幸せのため」。ここがポイントです。

1つ目の「作品制作を自分の色で楽しむこと」。これは何をおいても譲ったことがありません。デザインが完成するまでのプロセスは楽しくて、生徒さんがいてくれるからこそ、次の作品に取り組む機会を頂けていると思っています。作品で自分自身を表現するのが楽しいので、そのために素材の吟味や情報入手のための行動をします。

「したい」に的を絞って選択を繰り返していくことで、デザインから仕入れまでのすべてにおいて「自分が楽しむこと」に矢印が向いてくれます。

もし「生徒さんを集めるため」にデザインを始めると、こうは回りません。アートは繊細です。立ちどころに自分の本意でないことを、自分の心が見抜いてしまうのです。そんな心境で生まれた作品は魅力がなく、パワーが宿らないものなのです。

そして2つ目の「自分の言葉で発信し、必要な人に届けること」。こちらはInstagramに載せている「今日の幸せキーワード」がそうです。「自分も励ましながら、誰かの人生のヒントにしてもらえたら、嬉しい。1人でも元気になってくれたらいいなぁ」、そんな思いで書いています。

それはフォロワー獲得のためではなく、こんな自分が皆さんを励ますことができたということに、私自身もまた力をもらえるからなのです。驚いたのは『今日の幸せキーワード』というノートまで作ってくださった方がいらしたり、「毎日メモしています」というフォロワーさんもいらっしゃることです。もう感激でいっぱいです。毎日好きで作った作品の写真と人生のヒントを皆さんとシェアしています。現在ではおかげさまで1万9000人ものフォロワーさんがついてくださいました。本当にありがとうございます。

そうやって、いつも「したい」だけを実行して、そのための選択と行動を繰り返していると、心は常に幸せです。そこから力を得て、さらにやりたいことを実行したり、チャレンジする。これが「幸せの循環」です。なによりも、自分が自分の応援者になることほど嬉しく、確かなことはありません。反対に「何か違う。自分はこうじゃない」。自分が自分の批判者になっているほどつらいものはありません。

ですから、したいことをすると同時に、「好きではないことをやらない」という選択も大事です。

私の場合、以前、ハーバリウムがとてもはやりましたが、レッスンに取り入れませんでした。真新しさは感じましたが、自分が作りたいものとは違ったからです。

また、日本で最もお花が売れる母の日のシーズンも特別な活動や仕事をしません。各地でイベントがあり、出展募集をしていますし、ネット販売の売れ行きも期待できるでしょうけど、私には同じものを大量に作ることがあまり面白いとは思えないのです。

一方で、同じアレンジをいくつでも、黙々と作るのが好きという人もいます。デパートの流通に乗れば、イベントシーズンは大忙しでしょう。好きで作った自分の作品がショーケースに並ぶ醍醐味《だいごみ》はその人だけのものです。破損しないための固定の仕方、ケースへの収め方などの独特のスキルも、好きでやっていることだからこそ自然と身に付き、その人の財産になります。

こんなふうに1人ひとりの「したい」「したくない」は違うし、幸せの在り方も違っていて当たり前。この感覚が分かってくると、他人の成功は全然気になりません。幸せは自分の心が決めて、自分の心の中にあることですから、他人の活躍と比較しても全く意味のないことなのです。

結果より、「したいことがある」「している最中」がすでに幸せ

私の好きな言葉に「自分を忘れている時が最高の時」というものがあります。自分の好きなことに集中していて楽しい感覚でいる時、自分を忘れている時がありますよ

ね。それは、幸せの循環が最高にうまくいっている時です。

自分を忘れてしまうほど夢中になれる世界を持っている人は、実は成果が出ようが出まいが、すでに幸せなのです。宝島へ冒険に行くのだとしたら、「宝物を見つけよう」という「したいこと」があって、そこへ向かう道中（「している最中」）からすでに楽しいのと同じですね。

人は自分を幸せにするために人生を歩んでいます。なんだか嬉しいような、ワクワクする力が湧いてくるのは、いま歩んでいる道が幸せに向かう正しい道である証。間違った道、自分に合っていない道では、勇気や行動力、継続力が湧きません。

もし、やりたいと思って実行してみたものの、不愉快だったり、苦しかったり、つまらなかったりしたら、潔くやめましょう。「そっちではないよ！」という心のサインです。そのサインに素直に従うのも自分を幸せにできるコツです。

したいことをする、心地良い方を選ぶ。そこから得た幸せは、いつだって真っすぐで純粋で元気のあるエネルギーを自分に与えてくれます。

不思議なことに、自分が幸せでいると、どんどん幸せが集まってきます。本来の姿で生きるあなたの幸せが、周りの人も幸せにするからです。相手からも幸せが返ってくるのです。

つらいことも、悲しいことも、ふたをせず感じ切ってあげることが、「自分を愛する」ということ

人生やりたいことだけやっていても、悲しいこと、つらいことがあって落ち込むこともあります。世の中は昼と夜、男と女、天と地などすべてのものに表裏があります。ポジティブの裏はネガティブ、プラスの裏はマイナス。幸せな毎日の中にも、時には心が痛むような出来事も起こります。

大事なのは、そうなったときに心にふたをせず「感じ切る」こと。そしてフラットに戻ることです。

悲しいときは、「そうか、私はいま、つらいんだ」と、大人だって声を上げて泣いていいのです。苦しいときや悔しいときは、布団に思い切りキックしていいのです。

決して心にふたをしないこと。思い切り感じ切ることです。すると人はだんだん癒やされていきます。このことは物理的にも証明されており、涙や汗を出して気分がスッキリするのはセロトニンやエンドルフィンなど癒しや幸せを感じるホルモンが脳内に分泌されるからなのです。心がザワザワしたら、自分の心を内観して、とことん感じ切りましょう。そうするとフラットで心地よい自分に戻してあげられます。そんなことができるのは自分だけです。反対に、飛び上がるほど嬉しいことは、思う存分に味わい、また落ち着きましょう。フラットで心地よいときのあなたが、本来のあなたなのです。

なぜ、フラットに戻すのが良いのかというと、フラットだと物事を偏らずに判断できるからです。思い込みや自己否定をせず、困ったときもベストな選択ができます。そして、またそこから穏やかな幸せの循環が始まります。

心も体と同じです。本来の元気な状態を知っているのは自分だけ、養生して戻してあげられるのも自分だけ、風邪が治って元気になった感覚が分かるのも自分だけですよね。

心も体も安定した状態のとき、最も順調に物事が進み、幸せが継続します。そんな状態に自分をキープしてあげることが、「自分を愛する」ということです。

やめたほうがいい頑張りは捨てて、楽しい頑張りに方向転換

自分がしたいことをして幸せになる方法が分かると、頑張り方も上手になります。頑張ることによって何かが変わったり目標を達成できれば、頑張った甲斐がありますが、〝やめたほうがいい頑張り〟もあります。

「自分がダメだから、頑張る」
「もっと高く評価されるために、頑張る」
「誰かから愛されるために、頑張る」

なぜ、これらの頑張りはしないほうがいいのか？　それは、これらの頑張りは「こ

んな自分は嫌いだ」と、自分にダメ出しをしているのと同じだからです。一番の味方である自分が自分を否定するほどつらいものはありません。

「自分がダメだから、頑張る」を、「ここまでやれるなんてマジ、神！」に。「もっと高く評価されるために、頑張る」を、「自分の実力を一番分かっているのは私自身。そんな自分のベストを尽くそう」に。

「誰かから愛されるために、頑張る」を、「私は私の大大大ファン！」に。

楽しい頑張りは、行動すればするほどエネルギーが増え、あなたを幸せで満たします。先生としての魅力もアップし、自然と素敵なことがやってきます。あなたにダメ出しを浴びせる楽しくない頑張りは、たったいまやめて方向転換！　楽しい頑張りにエネルギーを使いましょう。

「生徒さんのために」の陥りがちなミステイク「創る」時間は自分に還る時間

今度は生徒さんの幸せを考えてみましょう。先生がよく陥るパターンは、レッスンの構成や作品のテイスト、すべてを生徒さん寄りにしてしまうケースです。これでは先生も自分が「したい」ことを実現していませんし、自分に自信も持てていません。

主体性のない先生は、生徒さんをアートの素敵な世界にリードできません。生徒さんの「ために」は、生徒さんの「ためになっていない」のです。

同様に、生徒さんのためにと制作に手を貸しすぎるのも禁物です。生徒さんもあなたと同様、自分の幸せは心の中にあり、それを膨らませるためにあなたの教室を選び、楽しむために来ました。人は自分で自分を満たせるから楽しいし、嬉しいのです。そんな幸せを感じたいからあなたの教室に来ています。

その点について大事なことをお話しします。人は「創る」という行動のなかで自分をアウトプットしながら、無意識に癒やしているのです。人生、生きていればいろいろなことがあります。たいてい、生活の中では自分のことは後回しにしがちです。社会人、主婦、妻、母、娘、1人で何役もスイッチしながらこなすのが日常。そんな中で、あなたの教室で「創る」に専念するとき、どの役目でもなくその人自身、ありのままなのです。自分第一に過ごしている時間です。それがどれほど素敵で特別なことか。

おそらくご本人も意識していないでしょう。しかし何の役目も持たず、本来の自分で、心のままに夢中になる感覚こそ、潜在意識に沁みわたる癒やしになっていることは間違いありません。そもそも先生であるあなたこそ「創る」に夢中になるたびに、高揚感を伴う癒やしをたくさん受け取っているはずです。

ですからどうか、先生は、生徒さんが自分に「還る」時間をそっと見守ってあげてくださいね。

作品の完成度を上げるため「生徒さんのために」と先生が手を出しすぎるのは、生徒さんの幸せになる力を信頼していないことになります。もっと言えば、生徒さんの癒やしや楽しみや幸せを奪ってしまうことになります。

今日から、「生徒さんのため」という考えはやめて、生徒さんが自分で楽しむ力を信頼し、幸せになる力を見守りましょう。先生は自分主体で好きなことを表現して、楽しんでいる姿がみんなのお手本。先生が幸せなら生徒さんも気遣い不要。生徒さんも気兼ねなく作品に取り組めるのが最高の環境なのです。

「○○のために」は家庭内でも要注意ワード

「○○のために」という考えで過ちを招くケースは、家庭内の介護、子育てにも当てはまります。

「親のために」という親孝行は、親自身の幸せとは別です。親孝行は感謝してはもらえますが、そのときだけです。親も、自分を幸せにできるのは自分。なにが心地良いか、好きか、それを知るのは自分だけだからです。

ですから遠方に住む親に会いに行ってない、何もしてやれてないと、自分を責めないでくださいね。いくら自分を責めても、幸せは親自身の問題なのです。

高齢の人だって、音楽を聴いたり、面白そうな番組を見たり、詩を作ったり、花に水をやったり、自分の好きなことを見つけて楽しめばいいのです。人は生きている限り、何歳になっても、自分を幸せにできるのは自分なのです。ここが割り切れていないと、親に対する罪悪感がどんどん大きくなって、自分が苦しくなります。

子育ても同じです。「この子のために」という考えで子育てをする親は、無意識に結果を求めます。そうやって育てられた子は愛されたいばかりに、親の顔色をうかがうことになります。子どもは期待される負担と、応えられずに嫌われる恐れの板挟みになり、その感覚は大人になっても捨てられず、人間関係に生涯苦しむこともあります。

子育ては、自分が子どもを愛しているからできることです。「お母さんはどんなあなたも大好きなの」という思いが伝わり、あふれる愛の中で育った子どもは、大人になっても自分に自信を持つことができます。無償の愛を信じられるからです。

総じて、「〇〇のために」が誰かを本当に幸せにすることはありません。手を出すほうは相手をコントロールしようとしているだけで、出されたほうは自分で自分を幸せにすることにはなっていないからです。

自宅教室は、最初から「ある」でスタートしている

ここまで「自分の幸せ」や「生徒さんの幸せ」について語ってきましたが、今度は

「バラのスクエアフレームアレンジ」20センチほどのひし形の木枠のフレームに数種のバラをアレンジ。手軽なミニギフトとして喜ばれています。可愛いハートの型抜きリボンを添えて。

「教室の幸せ」を考えてみたいと思います。

実は、セミナーで先生方から頂くご相談ベスト3は、こんな悩みです。

「自宅教室の生徒さんが増えない」

「家族がいる日はレッスンする場所がなくなる」

「介護や育児でレッスンの予定日を確保できない」

どれも「ない」「ない」「ない」尽くしの自宅教室ならではのお悩みですね。ただでさえ、毎日の掃除、洗濯、食事作りの家事はあるし、幼児教室の送り迎えや、土日にはサッカーの当番など子どもの習い事のサポート、受験期になれば学校訪問、塾の先生との面談……。妻や嫁としての役割もある。こんなに1人で何役もこなしながら、さらに自宅教室の「ない」を改善するためにパワーを使っていては、もうクタクタになりませんか？

ここで、ちょっと考え方を変えてみましょう。

先生業はそんなに「ない」ばかりなのでしょうか？　すでに第1章で述べたとおり、先生の仕事は自分の持っているものを必要な人に与え、伝えること。自分にないから集めようとする欠乏の感覚とは異なるものです。人に与えられるものが「ある」から先生なのです。

一般的に、仕事を幸せに変換するのは「自分の時間を仕事に充てる↓お金が返ってくる↓暮らしが充実して幸せになる」の方式ですが、私たちアーティフィシャルフラワーの先生は、好きで楽しいことを仕事にしていますから、ちょっと違います。「自分の時間を好きな仕事に充てる↓幸せになる」と直結なのです。お金が返ってくるというワンクッションなしで、幸せを直接得られているのです。

つまり、アーティフィシャルフラワーの教室やサロンは、仕事をするだけで幸せが「ある」場所なのです。自宅教室の場合、ご飯を食べるテーブルさえあれば最初から教室にできるスペースも「ある」と言えますよね。こんな恵まれた状況や仕事があるでしょうか。

自宅教室は、最初からすべてが「ある」状態であり、始めると同時に楽しみがやってくる場所。自分の持っているものを与え、表現できる幸せがある場所。そんなふうに思えたなら、そこに見える教室の風景はもう「バラ色のワンダーランド」です。私にとっては、家事が忙しくても、憂鬱《ゆううつ》なことがあっても、お花の世界に行けば、自分に戻れる〝救いの場所〟になっています。

逆にいえば、教室を運営してみて幸せや喜びを見いだせないなら、自宅教室の先生業はやるべきではありません。何ひとつ、安定は保証されず、教室はただの箱にすぎません。買いつけ、仕分け、保管、デザイン、制作、撮影、パソコンの事務作業、すべての労働時間から時給を換算したら、ブラック企業さながらです。

人生において、自分は「ある」と思うことが、とても大切です。行動の選択も、あなたの在り方も変わってきます。私が20年も教室をやってこられたのは、一度も「ない」という欠乏感を持ったことがないからだと思います。先生でいること＝与えられるものが「ある」なんです。そして「起こることすべてはラッキーギフト。ありがとう」のプラス思考でいきましょう。

苦しい時、辛い時の乗り越え方

人生もちろん、辛いことも苦しいこともあります。でも、その苦しみで、自分を崩壊させてはいけません。大切なことは、苦しみにフォーカスするのではなく、**ピンチの時、どうある自分が好きか？** をみるのです。

例えば、恋人や大切な友達に拒絶されて苦しい時、それでも自分の気持ちを伝える正直な自分が好きか？　遠くから相手の幸せを願い続ける優しい自分が好きか？

大事な試験に落ちたり、重大なミスをしたら、リベンジして頑張る自分が好きか？

新たなステージに向かう潔い自分が好きか？

苦しい中でも、好きな自分のあり方を選択することがあなたを救います。世間の常識にあわせて我慢と努力の日々を送る必要は全くありません。そうなれば、むしろ、そちらの方が苦しみになってしまいます。

本当の自分とは違う自分を生きても、人は幸せを全く感じません。反対にどんな状

況でも自分のあり方を好きでいられるなら、人は幸せなのです。
地獄の底にいても、ボロボロになっても、自分を素敵だと思えたなら自分への愛はちゃんと降り注いでいる証拠。あなたを守ってくれているのです。それほどまでに、自己肯定感は人を勇気づけ前進する力になってくれるのですね。

幸せ力とは自分を愛する力。どんな困難にも、めげない最強の力となってくれます。そんな力を持つ人を周りが放っておくはずないのです。

本当に幸せな人とは

どんなに年老いても、どんな状況でも、自分のことが好きで、楽しく生きていく力を持つ人。幸せな人はエネルギーがあり、周りの人を照らします。搾取も、干渉も、依存もされないので、安心して近寄ることができ、照らされた人は癒やされ、温かさを得て、またそれを誰かに渡せるようになります。

この本の冒頭で真っ先に、「世の中にあなたの幸せより大切なことはありません」と書かせていただきました。それはあなたの幸せが、波及して循環し、社会全体、地球全体にとってもとても大切だからです。

再び、本書を最初に帰って読むと、きっと新しい発見や見直しがあると思います。なぜなら、ここまで読むことで、あなたは自分の本心に向き合ってきたからです。社会の座標の評価より、心が喜ぶ方向を見いだしました。それが、あなたの〝幸せ力〟となり、エネルギーを使う方向です。

すべての出来事はあなたを幸せにするためだけに選んでいいのです。

幸せな人は自分のすることに自信が持てます。それを自分軸といいます。そのブレない軸で、世の中に関わるから、あなたの力が伝わり、人々に感動を与え、渡したもの、伝えたいことを、渡すことができます。あなたの在り方が周りの人を幸せにします。

人が集まるからあなたが幸せになるのではなく、あなたが幸せだから人が集まるのです。ディズニーランドのように。

人生を思い切り楽しむ、ありのままのあなたがいいのです。
そして先生は生徒さんを信頼すること。

仕事や人生を楽しむ具体的な方法は第3章以降たくさんご紹介してきました。デザインもレッスンも真っ直ぐな望みの力に乗ること。その状態がまず幸せであり、頑張れます。結果につながります。そして発信は集めるためではなく、あなたが与えることにフォーカス！　ノウハウは心弾むことを選ぶのが継続のコツでしたね。
そしてもし、迷ったら、常に心地良いほうを選ぶ。あとはただただ、楽しい頑張りをしながら、毎日を楽しむだけです。大丈夫！　すべては「ある」からスタートしていますから。

あなたとハイタッチ！
いつもここから応援しています♡

あとがきにかえて

当初、出版にあたり私は自宅教室全般の運営のための企画を考えていました。ところが合同フォレスト前代表の山中洋二さんから「ノウハウの本は世の中にたくさんある。それより、あなたがいるお花の世界の本を書かなくてどうします。あなたの人生の棚卸しをしてください」というありがたい言葉を頂きました。

私にしてみれば「そんな本を書かせていただけるなんて！」とびっくり。もちろんとても嬉しいのですが、そうなれば花業界というピンポイントの世界の本になりますし、そんな贅沢な本を書いていいのだろうかという不安がありました。しかしこれもご縁。私に、何か果たせる役目があるからではと思いました。

じっくり自分を振り返り、まだ誰も書いたことのないもの、それでいて一番の悩みを解決できる本はなんだろうと考えました。私にできることは、皆さんを最も悩ませている集客の考え方から解放し、先生として、女性として思い切り幸せになっていただくことでした。花教室の先生、女性の人生にとって、生涯の推進力となる幸せについて書くことにしました。それがこの書籍になりました。この情報を本当に必要な人に届けたい！　その思いを込めて書きました。

そんな経緯があって、構想から執筆まで1年半、いま、あなたの手にようやくお届けできたことを嬉しく思います。

「必要なことが、必要な人に届きますように」

そんな願いを込めて書かせていただきました。日常のレッスンや制作のヒントに、日々の暮らしの中で幸せを感じるきっかけにしていただけたら、嬉しいです。

花たちのこと

花たちは、古来よりいつも人々のそばにありました。花がなくとも暮らせますが、花が嫌いな人は世の中にいません。自然界の花はとても可愛くて、キレイです。命の限り咲く姿が愛おしいのです。その姿があまりに素敵なので、そんな美しさをそのままに留めておけたらという人々の想いから、アーティフィシャルフラワーが生まれました。

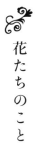

アーティフィシャルフラワーと生花は、相対するように見えるかもしれません。お花屋さんにしてみれば、商売敵のように思うかもしれません。しかし、アーティフィシャルフラワーの根本は、生花への崇拝と憧れです。憧れの存在だからこそ、私たち人間からすれば、命をたたえて咲くキレイな花を抜いたり、切り刻んでしまうことは誰でも胸が痛みます。健やかに咲かせ、そっと水に生けておきたいのです。

そんな私たちに、「大丈夫、お花で思い切り創作を楽しんでもいいよ」と許可を出してくれたのが、アーティフィシャルフラワーの存在です。折っても、切っても貼っても、やり直しても、安心して存分に楽しめます。

アーティフィシャルフラワーの意味を思うとき、むしろ自然界や生花を守るために誕生したのであり、根底には、誰もが生花への尊敬の念と愛を持っているからこそ、扱う人が増え、発展しているのだろうと感じます。

もしアーティフィシャルフラワーの花たちから生花に恩返しができるとしたら、アーティフィシャルフラワーに携わるすべての人が、常に「これが本物だったら、どんなに素敵で贅沢だろう」と、間違いなく生花を連想していることです。

アーティフィシャルフラワーのファンは花への愛情が深く、野に咲く花も、花屋さんに並ぶ花も愛おしく見つめています。すべては生花への憧れがあるからです。いつか花屋さんの生花の隣にアーティフィシャルフラワーが並び、「今日はどっちにしようかな」とわくわくしながら選ぶ。そんな日が訪れるといいなと思っています。

お花の先生の皆さん、読者の皆さんへ

私の長いおしゃべりを聞いてくださってありがとうございました。いかがでしたか？　ご感想などホームページのお問い合わせから頂けたら嬉しいです。

そして、よかったらいつでもレッスンに遊びにきてください。「こんなふうにやっているんだ」とご覧になってください。そう、考えているより実行です。アートを楽しむ教室は、プロの先生も初心者の方も、キャリアに関係なく、誰もが仲間です。一緒にお花とのひとときを楽しみましょう。お目にかかれることを楽しみにしております。

最後に、いつもInstagramにお花とともに載せている「今日の幸せキーワード」の中から、この本にぴったりで、反響の大きかったものを1つご紹介します。

その人が幸せに見えるのは
富や名声ではなく、
人としてのあり方が
素敵な人だからだ

やりたいことで
人にかかわり
そこに自分のあり方を
みつけている人だからだ

愛を込めて

2021年5月吉日
アトリエレモンリーフ
影山さちこ

影山 さちこ

フラワーアーティスト
アトリエレモンリーフ主宰
花インテリア協会代表理事
アートコラボレーションズ代表

専業主婦生活を経て、2000年にフラワーアレンジメント教室「アトリエレモンリーフ」を開設。独自の発想で新しいアイテムや技術を取り入れるなど、型にはまらない花への取り組みが各マスコミに取り上げられた。

「レッスンには発見とサプライズを」がモットー。20年間の毎月のフラワーレッスンでは一度も同じアレンジやかぶるデザインはない。10年来の生徒さんも多く、長く楽しんでいただける理由の1つになっている。

今日の幸せキーワードと花写真で綴るInstagramが人気（フォロワー数1万9000人更新中）。

花の専門誌コンテストで作品掲載多数
プリザーブドコンテスト入賞
ブライトンホテル クリスマスリースコンテスト グランプリ受賞

ハンドメイド作家の作品発表の場となるアートコラボレーションを毎年主催。2021年に19回目を迎える。自宅教室の運営ノウハウのセミナーも開催するほか、著書多数。
『人生が豊かになる自宅教室の開き方』(2014年)
『「自宅教室」をはじめよう』(2015年)
『影山さちこの「花インテリア」』(2017年)
『自宅教室をはじめよう完全版』(2019年)

影山さちこプロフィール
https://www.lemonleaf.jp/profile.html

アトリエレモンリーフ Instagram
https://www.instagram.com/lemonleaf.jp/

アトリエレモンリーフ 通信講座
https://www.lemonleaf.jp/tusin.html

※本文内を含め、QRコードのリンク先は予告なく変更になることもあります。

組版・装幀　吉良 久美

人生まで変わる！
アーティフィシャルフラワーの先生のための
幸せ共感集客術

2021年6月14日　第1刷発行

著　者　影山　さちこ
発行者　松本　威
発　行　合同フォレスト株式会社
郵便番号 184-0001　東京都小金井市関野町1-6-10
電話 042-401-2939　FAX 042-401-2931
振替 00170-4-324578
ホームページ https://www.godo-forest.co.jp
発　売　合同出版株式会社
郵便番号 184-0001　東京都小金井市関野町1-6-10
電話 042-401-2930　FAX 042-401-2931
印刷・製本　新灯印刷株式会社

ISBN 978-4-7726-6161-4　NDC673　188×130